Woman Chief

Rose Sobol

Woman Chief

Es gab eine Frau, die Häuptling war

Verlag Sauerländer
Aarau · Frankfurt am Main · Salzburg

Rose Sobol
Woman Chief
Es gab eine Frau, die Häuptling war

Deutsch von Barbara Veit
Umschlagillustration von Barbara Sandler

3. Auflage 1980

Herstellung: Sauerländer AG, Aarau
Printed in Switzerland

ISBN 3-7941-1875-8
Bestellnummer 01 01875

CIP-Kurztitelaufnahme der Deutschen Bibliothek

Sobol, Rose:
Woman chief: es gab e. Frau, d. Häuptling war / Rose Sobol.
[Dt. von Barbara Veit]. – 3. Aufl. – Aarau, Frankfurt am Main, Salzburg:
Sauerländer, 1980.
Einheitssacht.: Woman chief ⟨dt.⟩
ISBN 3-7941-1875-8

Vorwort

Diese Geschichte hat sich wirklich zugetragen. Es gab einmal eine Indianerin, die Häuptling unter den Häuptlingen der Krähenindianer wurde.
Der Titel eines Häuptlings wurde ihr nicht als liebevoller Spitzname verliehen oder weil sie ein, zwei mutige Taten vollbracht hatte. Sie verdiente sich diese Stellung erst nach vielen Jahren und durch viele Heldentaten – obwohl sie eine Frau war. Wenn sie allerdings als Mann geboren wäre, dann wäre sie schon Jahre früher zum Stammesführer aufgestiegen. Denn wenige Männer, wenn überhaupt einer, konnte es als Jäger oder Krieger mit ihr aufnehmen.
In seinem Tagebuch hat der Pelzhändler Edwin Thompson Denig ihr Leben in groben Umrissen aufgezeichnet. Denig arbeitete fünfundzwanzig Jahre lang als Pelzhändler und kannte sie persönlich. Sein Tagebuch wurde 1968 von John C. Ewers

herausgegeben und heißt: Fünf Indianerstämme am Oberen Missouri.

Um die Geschichte von Woman Chief lebendig zu machen, habe ich Dialoge erfunden. Hintergrundmaterial fand ich in vielen Arbeiten über die Krähenindianer. Lücken in Denigs Bericht konnte ich dadurch schließen. Besonders viel verdanke ich Robert H. Lowies Schriften.*

Einige Leser mögen daran Anstoß nehmen, daß ich nicht auch die friedliche Seite dieser Indianergesellschaft beschrieben habe. Aber als Woman Chief lebte, waren die Krähen umherziehende Jäger und aus diesem Grunde ein kriegerisches Volk. Kultur und Religion waren bei ihnen eng mit dem Kampf verflochten. Was ich aufgeschrieben habe, ist auch keine Abhandlung über das Alltagsleben der Krähen. Sitten und Gebräuche, die für die Geschichte von Woman Chief nicht wichtig sind, habe ich deshalb ausgelassen; friedliche Beschäftigungen habe ich nur beschrieben, wenn es mir notwendig erschien.

Woman Chief war keine Medizinfrau, keine Braut, machte keine Pfeilspitzen, sie war keine Beerenpflückerin oder Tabakpflanzerin. Woman Chief war Jägerin und Kriegerin.

Auch andere Frauen sind voll von «männlichem» Mut dann und wann in den Kampf geritten. Für Woman Chief aber waren Pferde und Waffen der Lebensinhalt. Sie ging auf den Kriegspfad als Füh-

* Woman Chief heißt wörtlich übersetzt Frau Häuptling, bedeutet aber nicht Frau eines Häuptlings, sondern: Der Häuptling ist eine Frau.

rerin, und junge Krieger drängten sich danach, unter ihr zu dienen.
Woman Chief! Dieser Name ist einzigartig, und es ist auch der einzige Name, unter dem wir sie kennen. Ich habe ihr deshalb einen zweiten Namen gegeben, einen Namen für ihr Leben als junges Mädchen: Einsamer Stern. Er schien mir passend für all die Jahre, in denen sie die traditionellen Pflichten einer Frau ablehnte und statt dessen den harten und einsamen Weg zum Ruhm beschritt.

Rose Sobol

1. Kapitel

Es begann gerade Abend zu werden, war aber noch früh, als Einsamer Stern eine Staubwolke in der Ferne sah. Die Wolke wuchs, bis endlich einige Reiter in halsbrecherischem Tempo aus ihr hervorbrachen.

«Die machen nur Quatsch», sagte sie zu sich, denn sie wollte sich keine Sorgen machen oder gar den Tag verderben lassen.

Sie hielt den Vogel fester. Sein Gewicht fühlte sich gut an. Es war nur ein kleiner Vogel. Sie hatte ihn am Flüßchen erlegt, wo sie seit dem frühen Morgen auf Kaninchen und Stachelschweine geschossen hatte.

Großvater würde Augen machen!

Gestern abend hatte er ihr die ersten scharfen Pfeile und einen Handgelenkschutz aus roher Büffelhaut gegeben, denn sie war fast zehn Jahre alt und groß für ihr Alter. Nun trug sie ihre erste

Beute. Glühend vor Stolz stellte sie sich vor, wie der Großvater sie begrüßen würde.
Er würde sie ganz hinten ins Zelt setzen, auf den Ehrenplatz. Dann würde Großmutter, die kleine, runde, gute, sie bei der Nase nehmen und sagen, daß sie ein Festessen für den großen Jäger bereiten wolle.
Großmutter würde ein paar alte Frauen und Männer zum Essen einladen. Danach würde sie, Einsamer Stern, erzählen, wie sie die Beute getötet hatte – genau wie ein gewaltiger Jäger. Die alten Frauen würden sich freuen und mit den Händen gegen die Münder klopfend das Tremolo anstimmen: Whuuu – whuuu – whuuu ... Die alten Männer würden sie durch ihr Lächeln loben.
Einsamer Stern fürchtete vor Stolz zu platzen, wenn sie nicht bald Großvaters Zelt erreichte. Sie beschleunigte ihre Schritte zu einem leichten, weichen Trab.
Außerhalb des Dorfes gruben zehn oder zwölf Frauen nach wilden Rüben. Wie Einsamer Stern an ihnen vorbeilief, hatte sie plötzlich ein eigenartiges Gefühl. Es war keine Atemnot, denn sie war eine unermüdliche Läuferin, und keiner der Jungen ihres Alters konnte lange mit ihr Schritt halten. Es war etwas anderes. Einen Augenblick lang schien alles stillzustehen – die Sonne am Himmel, der Wind in den Frühlingsblättern, die zur Erde gebeugten Frauen. Die ganze Welt verharrte schweigend, erstarrt. In diesen leeren, unergründlichen Augenblick hinein dachte sie: Etwas Entsetzliches geschieht.

Ein Schrei brach schließlich den Bann. Er kam vom Lager her. Eine schrille, schreckliche Warnung.
Die Rübensucherinnen richteten sich jäh auf, ihre Gesichter waren verzerrt von Grauen. Sie taumelten und begannen zu rennen. Die jüngeren Frauen zogen die älteren mit sich fort.
Einsamer Stern raste zu einer bewaldeten Erhebung, von der aus sie das Lager überschauen konnte. Alles war erfüllt mit Staub, Geschrei und Aufruhr. Sie warf sich flach auf den Bauch und starrte mit offenem Mund hinunter, fast das Atmen vergessend. Die Leute ihres Stammes, die Gros Ventre der Prärie, hatten ihre Zelte verlassen und liefen kopflos umher. Einige Krieger versuchten ihre Pferde einzufangen, andere verteidigten ihre Familien gegen die Angreifer.
«Krähen!»
Jagendes Reh sagte dieses Wort. Auch sie hatte nach Rüben gegraben. Jagendes Reh war als Krähenindianerin geboren, dann aber von den Gros Ventre geraubt worden – vor sechs Jahren, als auch Einsamer Sterns Vater getötet worden war.
«Es sind zu viele», sagte Jagendes Reh. Sie kroch näher und kauerte sich neben Einsamer Stern.
Das Mädchen versuchte herauszufinden, was eigentlich vor sich ging. Es herrschte ein einziges Durcheinander. Krähenkrieger schwärmten zwischen den Zelten umher und töteten die Männer der Gros Ventre mit Speeren, Messern und Kriegsbeilen. Die Frauen flüchteten mit den Kindern zum Fluß. Ab und zu riß ein Verteidiger einen Krähenkrieger vom Pferd und schlug auf ihn ein.

Einsamer Stern sah, wie ein Krähenindianer den Arm eines Mannes abtrennte und damit davonritt.

Als der Staub sich langsam über dem Schlachtfeld senkte, veränderte sich der Kriegslärm. Immer seltener wurden die Schreie der Verteidiger und auch die Rufe der Frauen und Kinder verklangen.

«Es ist fast vorüber», sagte Jagendes Reh. «Bald werden die Krähen fertig sein. Dann werden sie Pferde, Frauen und Kinder sammeln.»

«Mich kriegen sie nie!» rief Einsamer Stern. «Ich werde wegrennen und in den Bergen leben, bis ich groß genug bin, Krieg zu führen.»

«Es hat keinen Sinn», sagte Jagendes Reh. «Aber hab keine Angst. Krähen behandeln gefangene Frauen und Kinder, als wären es ihre eigenen. Bleib in meiner Nähe. Es wird dir nichts geschehen.»

Einsamer Stern schüttelte eigensinnig den Kopf, obwohl sie wußte, daß sie hilflos war. Sie kämpfte ihre Tränen und ihr Entsetzen nieder. Dann zwang sie sich dazu, auf das Lager zu schauen, als könnte sie mit der Kraft ihres Willens den Großvater retten. Irgendwo dort unten mußte er sein, mit seinen Rufen den jungen Kriegern Mut machend.

Flammen loderten auf. Die Feinde zündeten die Zelte an. Kurz darauf brannte das ganze Lager und die Siegesschreie der Krähen steigerten sich zum Chor.

«Ich muß mich verstecken», sagte Einsamer Stern. Sie hob ihren Vogel auf, er sollte sie vorerst ernähren. Ihre Hand zitterte.

«Die Dunkelheit wird mich verbergen, und ich bin eine gute Läuferin.»

«Du kannst nicht einem Pferd davonlaufen», erwiderte Jagendes Reh. «Horch!»

Zwischen den Rufen hörten sie Huftritte.

Wie ein großer, dunkler Geist erschien zwischen den Baumschatten ein Krieger auf seinem Pferd. Er beugte sich vor und streckte seinen mit roten Blitzen bemalten Arm aus.

Einsamer Stern war flink, und ihre Beine trugen sie sicher, trotzdem schaffte sie nur drei Sprünge, dann hatte er sie eingeholt. Er grub seine Finger in ihr Haar und riß. Sie schrie auf vor Schmerz.

Der kleine Vogel glitt aus ihrer Hand und fiel sanft auf den Waldboden.

2. Kapitel

Einsamer Stern weinte nicht, als sie zum Dorf der Krähen zogen. Aber die meisten Frauen und Kinder und sogar einige der Buben schluchzten laut. Voll Verachtung schaute Einsamer Stern auf sie herab.

Am ersten Tag des Fußmarsches erfuhr sie, daß alle Männer ihres Dorfes getötet worden waren. Der Großvater war tot, und bald wurde sie auch von der Großmutter getrennt. Denn noch am gleichen Abend teilten die Krähen ihre Beute und Großmutter wurde in ein anderes Lager gebracht.

Nach dieser Nacht des Schmerzes wurde Einsamer Stern nie wieder ein kleines Mädchen.

Sie zeigte ihre Trauer nicht. Ihr Gesicht wurde wie ein Stein. Einsamer Stern hatte ihre Mutter nicht gekannt, sie war bei ihrer Geburt gestorben. Nach dem Tode des Vaters hatten Großmutter und Großvater für sie gesorgt. Nun war sie allein.

Tagelang redete sie nur, wenn sie angesprochen wurde, und auch dann nur das Allernötigste. Schweigen war ihr einziger Schutz, schweigend verteidigte sie ihren Stolz.
Um sie her prahlten die Krähen mit ihrem Sieg und verspotteten die Gefangenen. Einsamer Stern verstand die meisten Angebereien und Witze, denn die Sprachen der Krähen und der Gros Ventre waren sehr ähnlich. Die beiden Stämme hatten einmal zusammengehört. Die Geschichte der Spaltung in zwei Völker war Einsamer Sterns Lieblingsgeschichte. In vielen Winternächten, wenn die Familie am Feuer saß oder lag, hatte sie den Großvater so lange geplagt, bis er sie endlich erzählte. Nach vier, fünf Sätzen schrie sie jedesmal «Ja!», um ihm zu zeigen, daß sie noch nicht eingeschlafen war.
Während sie nun mit den gefangenen Frauen und Kindern dahinging, dachte sie an diese Geschichte. Das gab ihr Kraft für die Prüfungen, die noch vor ihr liegen mochten.
Vor langer Zeit, so hatte der Großvater erzählt, lebte das Volk in der Prärie und wurde von zwei Häuptlingen geführt, von denen jeder seine Anhänger hatte. Bei einer großen Büffeljagd fingen die Frauen der Häuptlinge an, um ein zartes Stück Büffelkuh zu streiten. Der Streit begann mit hitzigen Worten, wurde dann mit Schlägen und schließlich mit Messern ausgetragen. Eine der Frauen wurde dabei getötet.
Das Volk brach auseinander. Die eine Hälfte hielt zum einen Häuptling, die andere Hälfte zum anderen. Es kam zu einer Schlacht, bei der viele Krieger

auf beiden Seiten starben. Danach führte einer der Häuptlinge seine Anhänger aus der Prärie in die Berge. Sie wurden fortan Krähen genannt.

Die Erzählung berührte Einsamer Stern ganz tief. Zwei Frauen hatten wie Krieger gekämpft und ein ganzes Volk verändert. Einsamer Stern war hingerissen von der Kühnheit und dem Mut der beiden Frauen. Gespannt und brennend vor Erwartung hatte sie immer darauf gewartet, bis Großvater zum Messerkampf gekommen war. Dann schrie sie ihr «Ja!» nach jedem seiner Sätze.

Wenn die Geschichte dann zu Ende war, hatte sie sich jedesmal wie verzaubert schlafen gelegt. Kaum waren ihre Augen geschlossen, so träumte sie davon, zu beweisen, daß Frauen härtere Aufgaben übernehmen können als Kochen, Wasser-Holen oder Feuerholz-Sammeln. In ihren Träumen sah sie sich als erwachsene Jägerin und Kriegerin.

Nur jetzt, im grausamen Licht des Tages, war sie ein Kind und eine Gefangene.

Nach drei Tagen erreichten sie endlich das Lager der Krähen. Einsamer Stern schwor sich, niemals die Sitten des Feindes anzuerkennen. Sie war eine Gros Ventre! Nie würde sie aufgeben!

Sie hätte sich genausogut vornehmen können, Wasser aus einem Stein zu quetschen.

Die Krähen hießen die Gefangenen willkommen. Während viele andere Stämme den Frauen und Kindern der Feinde die Schädel einschlugen, mißbrauchten die Krähen – wie auch die Gros Ventre – nie ihre Macht. Die Frauen wurden an Krähenkrieger verheiratet und durften gemeinsam mit den anderen arbeiten. Die Kinder wurden adoptiert.
Der Krähenindianer, dem Einsamer Stern zugeteilt wurde, hieß Scharfes Messer. Er war ein anerkannter Führer und Pfeilmacher. Sein Zelt war mit den Bildern seiner Heldentaten geschmückt. Das schweigsame Mädchen gefiel ihm, und er behandelte sie mit väterlicher Freundlichkeit und Geduld.
«Du arbeitest hart und du arbeitest gut», sagte er eines Morgens, als sie ihm half, Häute zu bearbeiten.
«Ich tue, was man mir sagt», antwortete sie.
«Du würdest lieber Wasser schleppen, Häute verzieren und Kleider machen als spielen, nicht wahr?» fragte er und betrachtete sie nachdenklich.
«Ich mag Mädchenspiele nicht», entgegnete sie. «Sie sind dumm!»
«Du mußt Kochen und Handwerken lernen, sonst wird dich keiner zur Frau haben wollen», sagte Scharfes Messer.
«Ich will nicht wie die anderen Frauen werden!»
«So?»
«Wenn ich einen Mann habe, dann werde ich an seiner Seite reiten.»
Scharfes Messer lächelte. «Was wünschst du dir sonst noch?» erkundigte er sich freundlich.

Einsamer Stern zögerte, bevor sie antwortete.
Es kostete sie alle Kraft, die sie hatte, doch dann sagte sie: «Ich möchte ein Jäger sein. Ich möchte bei Überfällen dabeisein. Wenn ich einmal groß bin, dann werde ich ein Pferd stehlen, das mitten in einem feindlichen Dorf angebunden ist.»
Die Worte brachen aus ihr heraus. Doch gleich darauf schämte sie sich, all ihre Geheimnisse offenbart zu haben. Ein angepflocktes Pferd zu stehlen, das war eine der größten Heldentaten bei den Krähen. Sie kam gleich nach dem Wagemut, als erster beim Feind zu sein und dem Gegner die Waffe zu entreißen.
Einsamer Stern erwartete, daß Scharfes Messer über ihr Bekenntnis lachen würde. Aber er tat es nicht. Lange Zeit betrachtete er sie erstaunt und nachdenklich.
«Geh spielen», sagte er schließlich. «Da fängt gerade ein Wettspiel an. Zeig mir, wie du ein kleines Pferd fängst.»
Einsamer Stern folgte seinem Blick. Ein paar Mädchen hatten kleine Zelte aufgestellt und spielten «Lager im Aufbruch». Sie legten mit Gras ausgestopfte Lederpuppen auf Spielzeugschlitten und spannten Spielzeugpferdchen davor.
Ein Stück weiter weg spielten einige Buben Schwarzfußindianer-Töten.
«Das Töten wird ihnen bald langweilig werden», sagte Scharfes Messer. «Dann werden sie das Dorf der Mädchen überfallen.»
«Wird es einen Kampf geben?» forschte Einsamer Stern interessiert.

«Nein, die Buben werden gefangengenommen», sagte Scharfes Messer. «Die Mädchen werden sie an die Holzschlitten anbinden und so tun, als seien sie Pferde.»
«Werden die Buben sich das gefallen lassen?»
«Ja – alle außer Roter Stier», antwortete Scharfes Messer. «Er ist zu stolz.»
Er gab Einsamer Stern ein rauhes Seil. Dann sprach er mit leiser Stimme: «Wenn du ein Jäger werden willst, dann fang Roter Stier und binde ihn fest an.»
Gehorsam ging sie zu den Mädchen. Das Spielzeugdorf mußte aus «feindlichem Land» gerettet werden. Aber plötzlich war kein einziger Feind mehr zu sehen. Die Buben robbten sich nämlich auf dem Bauch heran. Als sie nah genug bei den Mädchen waren, sprangen sie auf und stürzten sich mit Gebrüll und Speere aus Sonnenblumenstielen schwingend auf sie.
Es war ein lauter Kampf mit viel Gerenne, und die Buben gewannen.
«Ihr habt alle unsere Pferde gestohlen, ihr bösen Buben!» schrien die Mädchen. «Jetzt müßt ihr unsere Pferde sein!»
Sie wanden Seile um die Buben, und die lachten einander zu und ließen sie gewähren.
Nur Roter Stier stand abseits, und er lächelte auch nicht. Er war ein breitschultriger Junge, und man konnte schon sehen, daß er eines Tages ein prächtiger Krieger werden würde.
Einsamer Stern holte tief Luft und ging geradewegs auf ihn zu.

«Du bist nur ein Pferd», rief sie. «Du wirst auch einen Schlitten ziehen – wie die anderen.»
«Ich bin nicht das Pferd einer Frau», gab er zurück. Dann lief er davon, hielt aber gleich wieder an, um sie herauszufordern.
Einsamer Stern begann ihn zu jagen. Er war größer als sie, und seine längeren Beine brachten ihm Vorteile. Auf kurzen Strecken war er schneller. Dann wartete er, bis sie ihn eingeholt hatte, und verspottete sie. Wenn sie ihm nahe kam, grinste er und rannte weg.
Viele Male hielten sie an und begannen dann die Jagd von neuem. Aber Einsamer Stern gab nicht auf. Nach einer Weile begann Roter Stier beim Laufen über die Schulter zu schauen, er grinste auch nicht mehr, und sein Spott verstummte. Immer öfter machte er kleine Pausen, aber er ließ sie nicht an sich heran. Doch er keuchte, und seine Beine zitterten.
Einsamer Stern lächelte vor sich hin, denn sie wußte, daß nun sie die Stärkere war. Sie pirschte sich sorgfältig an ihn heran, schnitt ihm den Weg ab, zwang ihn zum Umdrehen und lenkte ihn so in die Richtung, in der sie ihn haben wollte. Langsam trieb sie ihn zum Lager der Mädchen zurück.
Er war wie ein wildes Pferd, das eingekreist wurde.
Sie schwang ihr rauhes Seil und atmete noch immer leicht, als er völlig erschöpft und geschlagen zu Boden ging. Er spürte das Seil um seinen Hals und sagte nichts, aber seine Augen flehten sie an, ihn nicht zu verraten.

Sie verriet ihn nicht, obwohl sie innerlich darüber jubelte, ihn besiegt zu haben. Leicht am Zügel ziehend, führte sie ihn zum Dorf. Sie begannen miteinander zu scherzen und zu lachen, damit die anderen Kinder denken sollten, er hätte freiwillig aufgegeben. Einige der Mädchen schlugen nach ihm und gruben ihre Finger in seine Seiten.

Einsamer Stern befahl ihm, auf allen vieren zu gehen. Er kniete unsicher, und das Lächeln auf seinen Lippen war gezwungen. Aus den Augenwinkeln beobachtete er, wie sie ihn an den Schlitten band und ein Zelt auflud.

Er tat wirklich sein Bestes, um richtig mitzuspielen und auf diese Weise seine Schande zu verbergen. Aber er war noch nie ein Pferd gewesen. Deshalb übertrieb er, scharrte wild auf der Stelle und schnaubte. Einsamer Stern klopfte seinen Rücken und summte ihm etwas vor, bis er sich so zahm wie die anderen benahm.

Scharfes Messer hatte alles beobachtet, doch er schwieg bis zum Abend. Dann rief er sie zu sich ins Zelt.

«Das hast du gut gemacht, Tochter», sagte er und legte eine Hand auf ihre Schulter. «Du hast den Anführer der Buben besiegt!»

Er trug ihr auf, sich zu baden und mit Weihrauch zu schwärzen. Dann sollte sie ins Zelt zurückkommen.

Nachdem sie getan hatte, was er von ihr verlangte, bemalte er sie mit gelber Farbe und steckte ihr eine rote Adlerfeder ins Haar. Dann zog er zwei rote Linien über ihre Arme.

«Eine Linie soll dir Glück bei Überfällen bringen, die andere beim Pferdefang», erklärte er. «Das gilt am meisten bei den Krähen. Eines Tages, wenn du große Taten vollbracht hast, wirst du einen neuen Namen bekommen, und er wird von unseren Leuten für immer geachtet werden.»

3. Kapitel

Einsamer Stern hütete Roter Stiers Geheimnis. Die anderen Kinder erfuhren niemals, daß er dazu gezwungen worden war, Pferd zu spielen.

Sie hätte gern gewußt, ob er es ihr heimzahlen würde. Aber sie versuchte, keine Angst davor zu haben. Ein Krieger hatte keine Angst, und sie war dazu auserwählt, ein Krieger zu werden.

Scharfes Messer machte ihr Mut und behandelte sie wie einen Buben.

Alle anderen aber waren von ihrem jungenhaften Benehmen verwirrt.

Die Frauen hielten sie für seltsam, den Männern war sie zu energisch.

Scharfes Messer kümmerte sich weder um die Männer noch um die Frauen. Warum sollte sich das Mädchen keinen eigenen Namen machen und gar den weißen Kopfschmuck der Krieger tragen, wenn sie es doch wollte?

Scharfes Messer half ihr bei der Verwirklichung ihres Traums. Geduldig lehrte er sie den Feind anzugreifen, das Lager zu verteidigen und – was noch wichtiger war – zu jagen.

Die Krähen waren Jäger. Das Land, in dem sie umherzogen, lag in den Rocky Mountains. Es gehörte zu den besten Jagdgebieten auf der Welt.

Im Jahre 1815, als Einsamer Stern gefangengenommen wurde, lebten nur einige weiße Fallensteller in diesem Gebiet. Aber die Krähen ließen sie gewähren, im Gegensatz zu anderen Stämmen. Es gab genug für alle zu jagen. Büffelherden bevölkerten die Ebenen. Am Yellowstone entlang streiften Elche und Rotwild. Antilopen, Dickhornschafe und Grizzlybären konnte man zu Hunderten beobachten.

Zeit und Ort waren also wie geschaffen für einen jungen Jäger, der gerade lernte, mit Pfeil und Bogen umzugehen. Scharfes Messer machte dem Mädchen die schönsten Pfeile, die es je gesehen hatte. Nie hörte sie ein Wort des Tadels, wenn sie einen verlor. Er gab ihr einen neuen.

Eines Abends, etwa ein Jahr, nachdem sie Kräheindianerin geworden war, fand er sie zusammengekauert und schluchzend im Zelt. Ihre Pfeile waren den ganzen Tag fehlgegangen, und sie war müde und entmutigt.

Langsam bewegte er sich im Zelt, als wäre er allein, doch dann setzte er sich wie zufällig neben sie und berührte ihr Knie. Klarer als jedes Wort sagte ihr diese Berührung: «Zweifle nicht an dir. Ich glaube an dich, und ich will dir helfen, deine

Schwäche zu überwinden. Bin ich nicht dein Vater?»

Sie hob ihr Gesicht, um ihm zu danken, und ihre Lippen formten die Worte «Scharfes Messer». Sie hatte ihn immer nur mit seinem Namen angesprochen, denn sie hatte gelobt, niemanden mehr Vater zu nennen.

Ihre Augen trafen sich, und sie las die Liebe in seinen. Plötzlich empfand sie ihr Gelöbnis als dumm. Sie warf ihre Arme um seinen Hals und verbarg ihr Gesicht an seiner Brust.

«Vater», flüsterte sie. «Oh, Vater . . .»

Er nahm sie in seine Arme und summte sanft vor sich hin. Er hielt sie ganz fest an sich gedrückt und summte, bis sie eingeschlafen war. Es war kalt, als sie am nächsten Morgen zur Jagd aufbrach, aber sie fühlte noch immer seine tröstliche Umarmung. Sie brauchte keine Sonne, um sich zu wärmen.

Tag für Tag übte sie nun ihre Zielsicherheit an Vögeln, Kaninchen und anderen kleinen Beutetieren. Erst als sie mit jedem Pfeil traf, erlaubte Scharfes Messer, daß sie auch größeren Tieren nachstellte.

In ihrem zwölften Sommer entfernte sie sich bei der Jagd immer weiter vom Lager. Allein und zu Fuß machte sie Wasserstellen ausfindig. Dort lag sie dann, regungslos den Blättern lauschend. Wenn sie raschelten, bewegt von einem Tier, das zur Tränke kam, spannte sie ihren Bogen. Früher als irgendein Junge ihres Alters tötete sie Elche, Hirsche und Bergschafe. Sie zerlegte das Fleisch selbst und schleppte es auf dem Rücken nach Hause.

Bald wurde sie von der Dorfgemeinschaft anerkannt. Männer und Frauen hörten auf, Scharfes Messer mit guten Ratschlägen zur Erziehung einer Tochter zu belästigen. Die größeren Jungen behandelten Einsamer Stern wie ihresgleichen. Wenn sie nicht gerade jagte oder Pferde hütete, spielte sie mit ihnen.
Bogenschießen war eigentlich den Buben vorbehalten, aber Einsamer Stern zeigte, daß sie ihnen ebenbürtig war. Nur Roter Stier konnte seinen Pfeil ein wenig weiter schießen. Und nur er traf ein in die Luft geworfenes Grasbüschel genausogut wie sie.
Eines Tages – sie war gerade vierzehn – gab es einen härteren Wettkampf, um herauszufinden, wer der beste Schütze war.
In ein Stück getrockneten Büffelmist wurde ein großes Loch gebohrt, dann rollte man es einen Hügel hinunter. Roter Stier verfehlte das hüpfende Ziel zweimal. Einsamer Stern traf beim zweiten Versuch.
«Es ist ja bloß ein Spiel», grollte Roter Stier. «Schwarzfüße und Sioux liegen nicht am Boden oder rollen herum. Sie schießen zurück!»
Die anderen Jungen schrien erleichtert und zustimmend. Roter Stier hatte dem Spiel endlich die richtige Bedeutung gegeben. Ein Mädchen hatte sie geschlagen – aber eben im Spiel. Im wirklichen Kampf waren Männer noch immer stärker und mutiger als Frauen!
Die Buben fieberten danach, sich zu beweisen. Die meisten von ihnen waren Mitglieder der Hammers,

eines kriegerischen Vereins, mit dem sie die acht Kriegsverbände der Erwachsenen nachmachten. Roter Stier mußte deshalb den Kampf auf Pferden nicht erst vorschlagen. Andere kamen ihm zuvor. Fragend schaute er Einsamer Stern an. Sie hatte noch nie bei diesem Spiel mitgemacht, aber sein Blick war eine Herausforderung.

«Ich mache mit», sagte sie, obwohl sie die Gefahr kannte. Sie hatte oft zugesehen. Auf Pferden kämpfen war eine regelrechte Schlacht – nur das Töten wurde ausgelassen.

Die Regeln waren einfach. Zwei Gruppen reitender Krieger griffen einander an. Wurde einer vom Pferd gestoßen, so galt er als «Toter». Die Reiter boxten, stießen und rangen, bis alle Spieler einer Partei auf dem Boden lagen.

Bald standen sich die gegnerischen Gruppen gegenüber.

«Faßt Mut!» riefen die Jungen einander zu. «Faßt Mut!»

Es waren die gleichen Worte, mit denen die erwachsenen Krieger sich im Kampf ermunterten. «Faßt Mut! Faßt Mut! Es ist ein guter Tag zum Sterben!»

Das Zeichen war gegeben. Aus zwanzig jungen Kehlen brach kräftiges Kriegsgeschrei.

Die beiden Fronten krachten aufeinander. Pferde bockten, stiegen und wühlten den Staub auf. Jeder der Buben versuchte oben zu bleiben und gleichzeitig einen Feind zu Boden zu werfen.

«Ich werde nicht als erste stürzen!» schwor sich Einsamer Stern keuchend.

Sie verlor Roter Stier aus den Augen. Statt dessen ritt Kleiner Hund neben sie und griff wütend an.

«Blödes Weib!» kreischte er. «Du bildest dir doch nicht etwa ein, einen Jungen schlagen zu können!»

«Du hältst mich für schwach, was?» schrie sie zurück.

Sie schlug wild nach ihm, traf seine Arme und sein Gesicht. Dann schmetterte sie ihre Faust gegen seine Kehle. Er quiekte und kämpfte gegen den Schmerz.

Doch im nächsten Augenblick hatte Einsamer Stern ihn schon ergriffen und zu Boden gestoßen.

Bevor sie sich noch darüber freuen konnte, schlang sich ein Arm um ihren Kopf – erschrocken schrie sie auf, während sie vom Pferd gezogen wurde.

Es war Roter Stier.

Sie hatte sich vor ihm in acht genommen – er aber hatte den richtigen Augenblick abgewartet und sie von hinten angegriffen. Voll hilfloser Wut hämmerte sie gegen seinen Arm.

Er ritt noch ein Stück und ließ sie in seinem Griff zappeln. Dann warf er sie quer über seinen Schoß. Einsamer Stern wurde grausam nach hinten gebogen. Mit den Beinen trat sie gegen die Flanke seines Pferdes.

Roter Stier lockerte seinen Griff, so daß sie zu ihm aufschauen konnte. Und in diesem Moment schüttelte er sich vor Lachen. Seine Hand fuhr unter ihr Kinn und stieß es nach hinten. Mit Schwung flog sie quer über seine nackten Schenkel auf den harten Boden.

Später erfuhr sie, daß Roter Stier als Held aus dem Kampf hervorgegangen war. Als einziger hatte er es geschafft, auf dem Pferd zu bleiben. Es war ihr egal. Sie lag im Zelt von Scharfes Messer und spürte jeden Knochen im Leib.
Als es dunkel wurde, kam Schimpf-den-Hund und kniete sich neben dem zerschlagenen Mädchen nieder. Sie war eine der Frauen von Scharfes Messer; den Reichtum eines Krähenindianers sah man an der Zahl seiner Pferde und Frauen. Schimpf-den-Hund führte den Haushalt. Ihre Zeltstangen waren immer gerade und sauber zurechtgeschnitzt, deshalb hatte sie einen guten Namen.
«Roter Stier ist da», flüsterte sie. «Er möchte mit dir reden.»
Einsamer Stern erhob sich.
Vorsichtig ging sie hinaus und verbarg dabei ihre Schmerzen.
Roter Stier grüßte sie höflich. Er war frisch gebadet und trug sein bestes Hemd. Sein Haar war eingefettet und zu zwei Schwänzen hochfrisiert.
Er sieht gut aus, dachte Einsamer Stern. Sie konnte verstehen, daß manche Mädchen krank vor Liebe zu ihm waren.
«Der Mond scheint hell», sagte er. Er fühlte sich offenbar unbehaglich, denn er rieb mit einer Hand ungeschickt an seiner Brust herum. «Viele sind draußen und sammeln Rhabarber. Kommst du auch?»
«Ja», antwortete sie. «Ich komme mit dir.»
Als sie das Rhabarberfeld erreichten, sahen sie viele Paare. Roter Stier machte bei den hohen Büschen

am Rand des Feldes halt. Er hatte noch kein einziges Wort gesagt, seit sie unterwegs waren. Und er hatte sie auch nicht berührt. In der Nähe kicherte ein Mädchen.
Roter Stier schien sich noch unbehaglicher zu fühlen als vorher.
Wenn er nicht eingebildet ist, dann lasse ich mich umarmen, dachte Einsamer Stern. Aber er muß zugeben, daß ich genausogut bin wie er.
«Was heute passiert ist, tut mir leid», sagte er schließlich. «Es war nicht fair.»
«Im Krieg ist alles fair», antwortete sie. «Ich bin unverletzt.»
«Es muß sein, daß ich etwas sage», erwiderte er. Ich bin stärker als du. Das weißt du.»
«Größer bist du», sagte sie.
«Ich bin stärker», wiederholte er traurig.
«Ich bin genausogut wie du!»
«Nein», antwortete er, und seine Stimme war eigenartig schwer. «Das ist es, was ich zu sagen habe. Du bist nicht so gut wie ich. Du bist besser.»
Ohne ein weiteres Wort drehte er sich um und ging zum Dorf zurück.
Einsamer Stern stand wie angewurzelt vor Erstaunen. Erst als sie sich wenig später zum Schlafen niederlegte, wurde ihr klar, was sie gewonnen hatte – aber auch, was sie verloren hatte.
Sie schaffte es, jeden Jungen in Grund und Boden zu reiten und zu schießen wie keiner. Roter Stier, der Anführer, hatte es zugegeben. Das hatte sie erreicht.
Und doch . . .

Er hatte sie mitgenommen, wilden Rhabarber zu sammeln – aber sie haben nicht zusammen gesammelt. Er hat sie nicht umarmt. Er hat nicht einmal ihre Hand gehalten oder sie auch nur berührt.

4. Kapitel

Als Einsamer Stern fünfzehn wurde, ging sie mit zu den großen Treibjagden auf Büffel. Wie es bei den Krähenindianern Sitte war, jagte sie mit Pfeil und Bogen vom Pferd aus. Ein Gewehr benutzte sie nur zu Fuß, wenn der Schnee zu tief war und kein Pferd einen Büffel einholen konnte.

Einige der kräftigsten Krieger konnten die riesigen Tiere mit einem Pfeil gänzlich durchbohren. Einsamer Stern erkannte, daß sie vielleicht nie solche Kraft besitzen würde. Deshalb brachte sie sich bei, bei jeder Jagd fünf oder sechs Büffel zu töten – ganz als sei es ein Kinderspiel.

Während der nächsten zehn Jahre ging sie mit den jungen Kriegern auf Büffeljagd und teilte auch ihre anderen Pflichten. Doch noch immer war sie unzufrieden, denn es war ihr verboten, in den Kampf zu ziehen. Scharfes Messer verwehrte es ihr trotz ihrer Fähigkeiten als Reiterin und Jägerin.

Doch sie hielt an ihren Träumen fest. Eines Tages würde sie in den Kampf ziehen. Eines Tages würde sie über einem gefallenen Feind triumphieren.

1831, als sie sechsundzwanzig Jahre alt war, errichtete die amerikanische Pelzhandelsgesellschaft einen Außenposten im Gebiet der Krähenindianer. Er lag an der Mündung des Rosebud-Flusses in den Yellowstone und wurde Fort Cass genannt. Es war solide und gut befestigt, und das war auch bitter nötig, denn Schwarzfußindianer und Cheyenne – eingeschworene Feinde der Weißen wie auch der Krähenindianer – waren eine ständige Bedrohung. Weiße Männer, die das Fort verließen, um Holz zu schlagen, Pferde zu hüten oder zu jagen, wurden regelmäßig von diesen feindseligen Stämmen überfallen.

Die Krähen lebten in Frieden mit den Weißen. Ihr Glaube an die übernatürlichen Kräfte der bleichgesichtigen Händler war größer als der anderer Indianerstämme.

Abgesehen davon hatten die Krähen Verbündete bitter nötig. Ihr Volk war klein und zählte knapp achthundert Zelte mit etwa fünftausend Menschen. Die Überfälle mächtiger Nachbarn, vor allem der Sioux im Osten und der Schwarzfüße im Westen, bedrohten sie mit Vernichtung. Um sich zu schützen, verbündeten sie sich mit den Weißen. Im Frühling und Herbst lagerten die Krähen in der Nähe von Fort Cass. Im Sommer zogen sie ins Gebiet der Flachkopfindianer, zu den Schoschonen und Nez Percé, um Waren zu tauschen. Dann wandten sie sich ostwärts zu den Dörfern eines

anderen friedlichen Stammes. Dort boten sie Pferde und Gegenstände an, die sie von den westlichen Stämmen bekommen hatten – außerdem getrocknetes Fleisch, Häute und Kleidung, die von den Krähenfrauen angefertigt worden war. Als Gegengabe bekamen sie Korn, Kürbisse und Tabak.
Im Spätherbst kehrten die meisten Krähen in die Berge zurück, um Großwild zu jagen, denn sie waren Jäger und bebauten den Boden nur in Zusammenhang mit der heiligen Tabakzeremonie.
Im Frühling brachten sie die erbeuteten Häute und Felle nach Fort Cass.
Eine oder zwei Horden aber blieben auch im Winter in der Nähe des Forts.
1835 griff eine große Anzahl von Schwarzfußkriegern das Dorf beim Fort an. Die Krähen wurden überrumpelt und mehrere Männer erschlagen. Der Rest aber entkam mit den meisten Pferden ins Fort. Unter den Überlebenden war auch Einsamer Stern.
Eilig halfen die Krähenkrieger den weißen Händlern, die Verteidigung aufzubauen. In dem Durcheinander und Lärm schlich Einsamer Stern von den Frauen weg, kletterte auf die Plattform hinter dem Wall und nahm ihren Platz zwischen den Männern ein.
Die Schwarzfüße griffen zweimal an. Beide Male wurden sie mit Pfeilen, Musketenfeuer und der Feuerkraft der kleinen Kanone zurückgeschlagen. Schließlich sammelten sie sich in sicherer Entfernung und beratschlagten.
Die Verteidiger nutzten die Ruhepause dazu, ihre Glieder zu recken und umherzuwandern. Sie unter-

hielten sich. Ihre Stimmen, die angesichts des Todes laut und heiser geworden waren, wurden wieder normal. Erleichtert scherzten sie miteinander.
Einsamer Stern lehnte sich an die Befestigung. Endlich hatte sie den Kampf erlebt. Ihr Kopf drehte sich von Rauch und Lärm, aber sie lebte und zitterte ein wenig vor Freude.
Ihr Köcher war halbleer. Sie war darüber sehr verwundert, denn es war ihr nur halb bewußt, daß sie überhaupt geschossen hatte. Sie atmete noch immer schwer vor Erregung, als sie sah, wie die Schwarzfüße Zeichen gaben.
«Sie wollen mit uns reden», sagte sie zu einem bärtigen Händler, der neben ihr stand.
Im Fort liefen Weiße und Indianer zusammen. Scharfes Messer war dabei und auch Roter Stier.
«Es ist eine Falle», warnte ein weißer Mann.
Die anderen stimmten ihm zu. Doch war es nicht klug zu erkunden, was die Feinde wollten? Ein Mann könnte gehen . . .
Die Männer der Gruppe konnten sich nicht entscheiden. Sie standen auffällig still, während sie berieten. Jeder einzelne schien Angst zu haben, mit einer falschen Bewegung die Aufmerksamkeit der anderen auf sich zu lenken. Jeder wollte so wenig wie möglich auffallen.
Keiner wird gehen, dachte Einsamer Stern. Scharfes Messer nicht und auch Roter Stier nicht.
Sie wandte sich um und schaute über die Befestigung.
Der Staub hatte sich gesenkt, und sie konnte die Schwarzfüße deutlich erkennen.

«Ich gehe!» verkündete sie. Ihre Stimme brach, und sie machte eine Pause, um sich zu räuspern, ehe sie fortfuhr: «Ich kenne ihre Sprache.»
Es klang so, als wäre sie allein in der Lage, den Feind zu verstehen. Aber viele Krähen sprachen die Schwarzfußsprache – auch Scharfes Messer und Roter Stier.

Einsamer Stern stieg von der Befestigung herab und sattelte ihr Pferd. Kein Laut war im Fort zu hören. Alle Augen waren auf sie gerichtet.
Scharfes Messer trat zu ihr. Aus seinen Augen sprach Stolz, aber auch ein wenig Scham. Eine Frau wagte etwas, wozu kein Mann den Mut besaß! Er reichte ihr die Pistole eines weißen Mannes.
Wortlos nahm sie die Waffe und schwang sich aufs Pferd. Ihr Herz raste. Die Tore öffneten sich vor ihr, und sie ritt hinaus – allein.
Als sie sich dem Feind bis auf Rufweite genähert hatte, stießen die Schwarzfüße einen wilden Freudenschrei aus. Sie erkannten an Einsamer Sterns Kleidung, daß sie eine Frau vor sich hatten. Einsamer Stern trug nie Männerkleider; auch später nicht.
Johlend über die leichte Beute, galoppierten fünf Schwarzfußkrieger auf sie zu. Als sie in Reichweite der Pistole kamen, rief Einsamer Stern, sie sollten anhalten. Aber sie ritten weiter, ohne ihre Worte zu beachten.
Einsamer Stern hob die Waffe und erschoß den Anführer.

Die anderen vier kreischten vor Wut und feuerten zurück. Sie verfehlten ihr Ziel, denn Einsamer Stern ritt wild hin und her wie bei der Büffeljagd. Sie hatte keine Zeit, die Pistole neu zu laden, deshalb benutzte sie Pfeil und Bogen.

«Yii – hiii!» rief sie immer wieder. Sie legte ihre Pfeile ein, spannte und schoß, ohne ihr Tempo zu verringern. Sie tötete noch zwei Schwarzfüße, ohne selbst eine Wunde davonzutragen.

Eine Krähenfrau hatte fünf Schwarzfußkrieger besiegt! Die Zuschauer auf beiden Seiten reagierten heftig. Die im Fort jubelten aus vollem Hals – die Schwarzfüße dagegen rasten vor Wut.

Die beiden überlebenden Krieger flüchteten. Panik hatte ihren Mut verdrängt. Diese Frau war ihnen zu stark. Sie warfen ihre Pferde herum und ritten um ihr Leben.

Wie eine wütende Brandungswelle raste die Kriegstruppe der Schwarzfüße nun auf die einsame Kriegerin los. Sie feuerten Pfeile und Kugeln und zwangen sie so zum Fort zurück.

Die weißen Händler und die Krähen aber standen bereit. Sie gaben ihr Feuerschutz. Die Schwarzfüße hielten schließlich an und zogen sich zurück. Einsamer Stern erreichte das Tor. Freudenschreie begrüßten sie.

Die Schlacht war zu Ende. Die Schwarzfüße gaben ihren Plan auf, das Fort zu erobern. Als die Sonne sich auf Schulterhöhe gesenkt hatte, waren die Schwarzfüße abgezogen.

In dieser Nacht aber wurden an den Lagerfeuern Loblieder auf Einsamer Stern gesungen. Als sie sich schließlich auf ein Bett aus Salbeizweigen legte, konnte sie nicht einschlafen. Ihre Glückseligkeit hielt sie wach.

Am nächsten Tag war sie schon beim Morgengrauen auf. Sie ging zur Befestigung. Jeder ihrer leichten Schritte war voll Siegesfreude. Am Himmel stand der Morgenstern. Irgendwo heulte ein Kojote. Einsamer Stern wandte ihr Gesicht der aufgehenden Sonne zu.

«Sonne», sagte sie. «Ich schlug die Schwarzfüße. Ich schlug sie, obwohl die Muskeln an ihren Schultern hervorquollen wie kriechende Schlangen. Drei tötete ich, und zwei flohen vor mir. Du hast herabgeschaut und gesehen, wie ich es tat. Sonne, ich danke dir!» Sie senkte den Kopf und murmelte die ersten Worte eines alten Liedes:

Immer wenn Unheil droht,
werde ich durchkommen ...

Ihre Lippen schlossen sich. Sie hob den Kopf, und in ihren dunklen Augen glühte ein neues Licht.

«Das war der Anfang», flüsterte sie.

5. Kapitel

Der Überfall schrie nach Vergeltung. Voll Zorn und Haß verließen die Krähenindianer Fort Cass. Aber kaum hatten sie ihr Dorf erreicht, so änderte sich ihre Stimmung. Sie sahen entsetzt, was die Schwarzfüße übriggelassen hatten, und Trauer überwältigte sie. Sie warfen sich auf die Knie und beweinten die Toten. Aber Tränen und Wehklagen konnten die Verzweiflung nicht stillen. Verwandte der erschlagenen Krieger schnitten sich selbst die Fingerspitzen ab. Und beim Anblick dieser Ausbrüche legten auch die Freunde Hand an sich selbst. Einsamer Stern stach sich in den Arm, bis sie blutete.

Die Körper der Toten wurden in Zeltplanen eingeschnürt, und die überlebenden Dorfbewohner schworen den Geistern der Toten, Rache zu üben. Dann wandten die Familien sich den Bestattungszeremonien zu. Die Toten wurden in Astgabeln gelegt, auf Plattformen zwischen den Felsen oder auf Hügel.

Sie würden nicht aufhören zu trauern. Es mußten mehr Schwarzfüße getötet werden als Krähen – erst dann war die Rache vollbracht.

Die Weisen und Ratgeber versammelten sich im Ratszelt in der Mitte des Dorfes. Sie rauchten und entschieden, was zu tun war.

Einsamer Stern hörte die Entscheidung von Scharfes Messer. «Wir werden in den Krieg ziehen», sagte er. «Es wird ein großer Überfall. Ich werde ihn anführen.»

Einsamer Stern antwortete nicht. Ihre Ohren warteten auf die Worte, die ihr Herz schon so lange herbeisehnte. Endlich sprach Scharfes Messer sie aus.

«Du wirst mitkommen. Die Ratgeber wünschen es. Es ist auch mein Wunsch.»

Einsamer Stern stockte der Atem. Plötzlich fühlte sie sich irgendwie größer, und ihr Herz war stärker als zuvor. Sie hatte sich das Recht zum Kampf verdient. Sie schuldete Scharfes Messer und den Ratgebern keinerlei Dank.

Sobald sie wieder allein war, entfernte sie sich vom Dorf.

Auf einem kleinen Hügel hielt sie an und streckte die Hände der Sonne entgegen. Dann bückte sie sich und berührte die Erde, die Mutter von allem.

Als sie ins Dorf zurückkehrte, herrschte große Geschäftigkeit. Jeder half den Kriegszug vorzubereiten.

Ein alter Mann, der Verwandte eines getöteten Kriegers, organisierte einen Sonnentanz, das Gebet um Vergeltung. Einsamer Stern wußte, daß der Tanz bis zur Rückkehr der Krieger dauern würde. Sie nahm nicht teil. Sie mußte sich um ihre eigenen Vorbereitungen kümmern.

Drei Tage lang war das ganze Dorf eifrig beschäftigt. Die Frauen flickten Kleider und mischten getrocknetes Hirschfleisch mit Trockenbeeren und Büffeltalg. Solch ein Gemisch, Pemmikan genannt, hielt sich jahrelang. Kriegshorden ernährten sich davon, wenn das Wild knapp war.

Die Männer überholten ihre Waffen. Pfeile wurden gerade gebogen und geschärft. Bogensehnen aus Büffelflechsen wurden auf ihre Geschmeidigkeit geprüft, Bogen zum besseren Gleichgewicht abgefeilt und der weiße Elchknochen frisch bemalt.

In der Nacht vor dem Aufbruch der Krieger nahm Scharfes Messer Einsamer Stern zur Seite.

«Du wirst ein gutes Pferd brauchen, ein Kriegspferd», sagte er. «Geh, und hol dir eines!»

Das war ein langersehntes Geschenk. Einsamer Stern ritt mit ihrer kleinen Stute die paar Meilen bis zu der Stelle, an der die Pferde des Dorfes standen. Siebenundvierzig gehörten Scharfes Messer.

«Vater sagte, du würdest kommen und dir eines aussuchen», sagte Langer Biber, der jüngste Sohn von Scharfes Messer. Er und drei seiner älteren Brüder hüteten die Pferde der Familie.

Einsamer Stern zögerte keinen Augenblick. Sie ging zu einem großen, rotbraunen Hengst, der ein weißes Gesicht und weiße Hinterbeine hatte. Schon

viele Monde lang bewunderte sie ihn. Selbst im Winter sah er wohlgenährt und glänzend aus.
Sie streichelte seinen Nacken und sprach zärtlich zu ihm. Dann führte sie ihn an seiner dunklen Mähne zum Lager. Sie band ihn neben ihrer Stute an, die allmählich alt wurde.
Bevor die Sonne unterging, lief sie noch viele Male aus dem Zelt, um ihn zu bewundern. Sogar wenn er ganz still stand, schien er vor Kraft zu beben.
Als die Dunkelheit hereinbrach, besuchte sie ihn ein letztes Mal.
Ich werde dich reiten wie der Wind, dachte sie.
Da hörte sie leichte und schnelle Schritte hinter sich. Als sie sich umdrehte, sah sie Kleine Feder, die Schwester von Roter Stier. Die junge Frau näherte sich furchtsam. Anders als Einsamer Stern war sie nicht allzu groß. Ihre perfekte Größe, die schlanke Gestalt und ihre gerade Nase wurden von den Krähen bewundert. Sie galt als schön.
«Ich habe das hier für dich gemacht», murmelte sie.
Sie drückte Einsamer Stern ein Paar Mokassins in die Hände. Die Schuhe waren aus weicher Bockshaut, die auf kräftige Rohledersohlen genäht war. Gefärbte Stachelschweinborsten zierten die Seiten.
Einsamer Stern wollte etwas sagen. Aber es war niemand mehr da, der ihr zuhörte. Kleine Feder war in den Schatten zwischen den Zelten geflüchtet.
Die Vögel sangen, als die Rächer sich im Morgengrauen sammelten. Die Pferde schienen zu wissen, was vor ihnen lag. Glücklich und aufgeregt warfen sie die Köpfe hin und her.

Alle Dorfbewohner kamen herbei, um dem Aufbruch zuzusehen. Die vierzig Krieger – behängt mit Medizin, heiligen Gegenständen, die ihnen Medizinmänner gegeben hatten – verabschiedeten sich. Ein einziger großer Ruf erfüllte die Luft, als sie sich in Bewegung setzten. Sie ritten in die Great Plains, das Land der Schwarzfüße.

Drei Tage lang ging alles gut.

Nur Scharfes Messer hatte böse Vorahnungen. Bis zur vierten Nacht behielt er sie für sich. Dann sagte er zu Einsamer Stern: «Wir sind zu viele!»

Sie saßen in einem Windschutz aus Stöcken und Rinde.

«Am besten wären nur zehn oder zwölf Männer. Die Ratgeber sind zu heftig auf Vergeltung aus.»

Scharfes Messer hatte recht. Einige der jüngeren Krieger waren bereits ungeduldig. Sie lechzten nach schnellem Ruhm. Es würde schwer sein, sie im Kampf zu bändigen.

Sie werden außer Kontrolle geraten, wenn wir den Feind nicht bald finden, dachte Einsamer Stern.

Am nächsten Morgen stießen sie auf Spuren. War der Feind nahe? Der Schnee war alt, und es war schwer, etwas Genaues zu sagen. Um sicher zu sein, schickte Scharfes Messer acht Kundschafter aus – die mutigsten und kampferfahrensten Männer.

Als sie fort waren, verdunkelte sich der Himmel. Es begann zu schneien. Die Hauptgruppe packte und zog weiter. Vielleicht würde es bald aufhören zu schneien. Ein kalter und rauher Wind wehte. Für Einsamer Stern war die Kälte ohne Bedeutung. Sie

machte sich nur Sorgen über die frischen Spuren, die sie im Neuschnee hinterließen. So viele Hufe würden eine Warnung für die Schwarzfüße sein.
Spät am Abend kehrten zwei der Kundschafter zurück. Die anderen waren einen Tagesritt voraus. Sie verfolgten eine kleine Horde von Schwarzfüßen.
«Macht ein Lager», sagte Scharfes Messer und ordnete den Bau von vier Hütten an. Er markierte die Stellen am Waldrand, wo man die Befestigungen von der Ebene aus nicht sehen konnte.
Die Männer führten keine Äxte mit sich, wenn sie auf dem Kriegspfad waren, trotzdem kamen sie schnell mit der Arbeit voran. Zum Schneiden der Zeltstangen benutzten sie ihre scharfen Skalpmesser. Die Stangen wurden mit großen Rindenplatten verbunden, so daß die Unterstände so massiv wie kleine Forts wurden. Scharfes Messer ging von Hütte zu Hütte und überprüfte sie auf ihre Wetterfestigkeit.
Bald nachdem die Hütten fertig waren, fing alles an schiefzugehen. Ein heftiger Schneesturm kam, und der Schnee gefror so hart, daß die Pferde kein Futter mehr fanden. Einsamer Sterns glänzender rotbrauner Hengst schien nur noch aus Haut und Knochen zu bestehen. Sein Fell war schwärzlichbraun geworden.
Obwohl die Krieger schwarze Farbe unter ihre Augen malten, überwältigte drei der jüngeren die Schneeblindheit. Zerkratztes Gesicht, der Sohn des Medizinmannes, bedeckte ihre Augen mit Schnee. Dann sang er ein heiliges Lied, das sein Vater einst

im Traum gehört hatte. Danach blies er gegen ihre Hinterköpfe, und sie konnten wieder sehen.
Einige der ehrgeizigen jungen Krieger murrten gegen die Führung von Scharfes Messer. Sie redeten davon, allein weiterzureiten und Schwarzfüße zu töten.
Am vierzehnten Tag wurde das Pemmikan knapp, und die Stimmung war angespannt. Das Murren der jungen Krieger wurde lauter.
Scharfes Messer blieb ruhig. Er fing an, Stöcke zu einem Haufen zu schichten.
Fast zur gleichen Zeit kamen Reiter in Sicht. Sie ritten im Zick-Zack und schwangen ihre Bogen – das Zeichen dafür, daß sie Schwarzfüße gesehen hatten.
Scharfes Messer schwang sich auf sein Pferd und galoppierte ihnen entgegen. Als er zurückkehrte standen die übrigen Krieger um die Stöcke herum. Scharfes Messer warf den Haufen um.
Die Männer balgten sich um die Stöcke und riefen «Jihuuu!» Einen Stock zu erringen, bedeutete Erfolg beim Pferdestehlen. Scharfes Messer hatte dafür gesorgt, daß genügend Stöcke da waren.
Die Anspannung der vergangenen Tage war vergessen. Die Männer hatten wieder Hoffnung.
An einer Stelle, die vom Feind nicht eingesehen werden konnte, entzündeten sie ein kleines Feuer. Die Männer drängten sich heran und wärmten sich. Winterbeeren-Tee wurde zubereitet. Sie aßen Pemmikan und schwemmten es mit Tee hinunter.
Die Männer scherzten und lachten wieder. Ihr Glaube an die Ruhe und Standhaftigkeit von

Scharfes Messer war wiederhergestellt. Sie widersprachen nicht, als er sie aufforderte, den ganzen nächsten Tag verborgen in den Hütten zu verbringen.

Bei Sonnenuntergang ging er dann von Hütte zu Hütte. In jeder sprach er die gleichen Worte: «Es ist an der Zeit, daß ihr eure Gesichter bemalt!»

Die jüngeren Männer brachten die Pferde. Im Schutz der Dunkelheit verließ die Horde den Wald, um Vergeltung zu üben.

6. Kapitel

Das Schwarzfuß-Dorf, das die Kundschafter gesehen hatten, bestand aus über hundert Zelten. Die Krähen erreichten es, als die Nacht fast vorüber war.

Ein Angriff auf eine so große Zahl von Feinden konnte verlustreich werden. Einsamer Stern fragte sich, ob Scharfes Messer dieses Risiko eingehen würde. Sie fragte sich auch, was ihm wohl seine Vorahnung gesagt hatte.

Es gab für sie keinen Zweifel, daß ihm bei den Hütten eine Vision zuteil geworden war. Wie hätte man sonst seine Handlungen verstehen können? Er hatte die Stöcke aufgehäuft, bevor die Kundschafter zu sehen waren. Er hatte gewußt, daß ihre Rückkehr bevorstand. Mehr noch, etwas bedrückte ihn. Er hatte eigenartig und abwesend gewirkt. Was hatte er in der Zukunft gesehen?

Scharfes Messer beendete sein Gespräch mit den

Kundschaftern. Er hatte seine Entscheidung getroffen. Er wendete sein Pferd und kam zu Einsamer Stern.

«Flußabwärts gibt es ein Gehölz», sagte er. «Es liegt näher bei den Pferden der Schwarzfüße als bei den Zelten. Von dort aus werden wir angreifen.»

Die Krieger ritten zum Gehölz, stiegen ab und tasteten nach ihrer Medizin, die ihnen Glück bringen sollte. Roter Stier und einige andere trugen Beutel aus Bockshaut, die mit Tabaksamen gefüllt waren. Einsamer Stern hatte ein mit Federn verziertes Stirnband aus Elchhaut. Scharfes Messer rauchte eine Pfeife.

Beim ersten Dämmerlicht legte Scharfes Messer seine Pfeife weg und rief alle zu sich.

«Der Angriff geht gegen die Pferde», sagte er. Langsam und grübelnd gab er seine Anweisungen. Auf seiner Zunge schien ein Gewicht zu lasten. Er sprach so, als beschriebe er etwas, das schon geschehen sei, etwas, das ihn bekümmerte.

Er nannte die Namen von vier Kundschaftern, aber er sah sie nicht an.

«Tötet die Wächter der Pferde und treibt so viele Tiere weg wie möglich», wies er sie an. «Die anderen müssen hierbleiben, falls die Feinde die Verfolgung aufnehmen.»

Wie die meisten indianischen Kriegspläne war auch dieser einfach und nicht allzusehr festgelegt. Was zählte, waren die Überrumpelung und der Mut des Einzelnen.

Scharfes Messer hob den Arm und ließ ihn wieder sinken. «Wir gehen.»

Zu Fuß begleitete er die vier Kundschafter. Einsamer Stern schaute ihnen nach, bis sie hinter einer Erhebung verschwanden.

Dann war alles still und voll Erwartung.

Einmal kam Roter Stier zu ihr und sagte: «Es wird alles gut gehen! Sie werden die Wächter töten und viele Pferde nehmen.»

Sie antwortete nicht, und er ging wieder weg. Sie verharrte in die Richtung blickend, die Scharfes Messer und die Kundschafter eingeschlagen hatten. Sie strengte ihre Augen so heftig an, als könnte die Macht der Konzentration die Männer unversehrt durchkommen lassen.

Angespannt lauschend warteten die Krähen im Gehölz. Die Zeit erschien ihnen endlos.

Die Sonne beleuchtete den Horizont, als Gewehrschüsse durch die Stille peitschten. Es waren Gewehre der Schwarzfußindianer, denn die fünf Krähen trugen keine bei sich. Eilig zogen die Krieger im Wald die Sattelgurte fest. Einige der jungen Männer sahen die Chance, Ruhm zu erlangen, und sprangen auf. Einsamer Stern und Roter Stier gehörten zu den besonnenen Kriegern, die sie zurückhalten wollten.

Sie gingen von Reiter zu Reiter und ermahnten jeden, den Anordnungen von Scharfes Messer zu gehorchen.

«Es ist nicht Krähen-Art, unbesonnen zu sein oder große Schlachten zu suchen, nur weil man nach Ruhm dürstet», warnte Einsamer Stern.

Es half nichts. Die jungen Krieger waren wild darauf anzugreifen. «Faßt Mut!» riefen sie einander zu

und galoppierten dem Gewehrfeuer entgegen. Sie kamen nicht weit. Sie waren noch in Sichtweite, als ihnen eine Herde gestohlener Pferde entgegenraste.
Das plötzliche Auftauchen der Krieger erschreckte die Tiere. Sie scheuten und brachen seitlich aus. Bevor die Krähen sie wieder zusammentreiben konnten, fingen fünf oder sechs Schwarzfüße zu schießen an.
Die Krähen waren in der Übermacht, und die Schwarzfüße konnten nicht vorrücken. Aber da wurde das Schwarzfuß-Pferd, auf dem Scharfes Messer saß, von einem Pfeil getroffen und stürzte zwischen den feindlichen Reihen.
Einsamer Stern reagierte schnell, Roter Stier sogar noch schneller. Eine Pferdelänge vor ihr erreichte er den gestürzten Führer. Dennoch war das Glück auf Einsamer Sterns Seite. Der Rotfuchs des Kriegers strauchelte und warf ihn ab. Ehe er wieder aufgestiegen war, saß Scharfes Messer hinter Einsamer Stern auf dem Pferd.
Diese Rettung eines hilflosen Kampfgenossen war eine tapfere und glänzende Tat – und doch wurde sie öfter gepriesen als nachgemacht. Einsamer Sterns Wagemut wurde auf der Stelle bewundert, doch das Lob mußte verschoben werden. Die Krähen waren auf dem Rückzug.
Scharfes Messer, nun auf dem Rücken eines erbeuteten Pferdes, trieb die Horde unerbittlich an. Er hatte alles im Griff, und er führte Männer und Pferde mit einer Geschwindigkeit, die für so große Entfernungen ungewöhnlich war. Scharfes Messer

schien überall gleichzeitig zu sein. Einmal wies er den Weg, ein andermal schützte er die Nachhut.
In der zweiten Nacht hatten sie die Verfolger abgeschüttelt. In der Dämmerung erlaubte Scharfes Messer den Männern zu rasten und zu essen. Die Krieger kauten Pemmikan und blickten unbehaglich auf ihren Führer. Einsamer Stern teilte ihre Spannung. Sie ließ Scharfes Messer nicht aus den Augen. Er rührte keinen Bissen an. Er saß abseits, sein Blick war nach innen gerichtet. Nur Einsamer Stern hatte den Mut, ihn anzusprechen.
«Wir haben sechzig Pferde erbeutet», sagte sie. «Alle sind jung und stark.»
«Wir haben Schmutzige Hand und Verrücktes Feuer verloren», sagte Scharfes Messer. «Wir haben nicht einen Feind getötet.»
Dagegen gab es nichts zu sagen, und Einsamer Stern versuchte erst gar nicht, ihm etwas vorzumachen. Sie kannte die Regeln eines erfolgreichen Kriegszuges genausogut wie er. Die Zahl der erbeuteten Pferde, selbst die Zahl der getöteten Feinde wogen niemals das Leben eines einzigen Krähenkriegers auf.
«Ich wurde ausgeschickt, Schwarzfüße zu töten», sagte Scharfes Messer.
Er bot ihr keine Rechtfertigung für den schlechten Ausgang des Überfalls an. Er sagte auch nicht, was schiefgegangen war. Später erfuhr sie, daß die Schwarzfüße ihren Angriff erwartet hatten und nicht überrumpelt worden waren. Angesichts des wachsamen Feindes war es unbegreiflich, wie so viele Pferde weggetrieben werden konnten.

Trotz alledem war der Überfall ein Mißerfolg. Zwei Krähen waren tot. Für Scharfes Messer bedeutete das den Sturz.
«Du kennst meinen Schwur», sagte er steinern.
«Ja», erwiderte Einsamer Stern. Der Gedanke daran ließ sie schaudern.
Vor dem Aufbruch hatte Scharfes Messer geschworen, fünf Schwarzfüße zu töten oder seinen eigenen Leib in ihrem Lande zu lassen. Jeder Schritt heimwärts brachte ihn der Schande näher. Es gibt keinen Weg, seine Ehre zu retten, dachte Einsamer Stern.
Sie täuschte sich. Was keine menschliche Kraft vermochte, vollbrachte das Schicksal. Als sie sich den Bergen näherten, galoppierten die drei Kundschafter heran.
Sie brachten erstaunliche Neuigkeiten. Sie hatten eine Gruppe von neun Schwarzfüßen entdeckt.
Offensichtlich hatten die Schwarzfüße vergeblich nach Krähen gesucht und waren nun auf dem Rückweg in ihr Dorf. Entmutigt, müde und hungrig waren sie sorglos geworden. So hatten sie sich nicht verborgen gehalten und waren entdeckt worden.
Während Scharfes Messer dem Bericht der Kundschafter lauschte, zeigte sein Gesicht keinerlei Regung. Aber seine Augen sprachen. Sie glühten wie dunkle, brennende Feuer. Das Schicksal hatte ihm eine Möglichkeit in den Weg geworfen, seine Stellung im Stamm wiederzuerlangen.
Er wählte Einsamer Stern und zwanzig andere Krieger. Sie ritten den Schwarzfüßen entgegen. Der

trockene Schnee knirschte unter den Hufen ihrer Pferde.

Die Schlacht war kurz. Die Krähen hatten die Pferde zurückgelassen und schossen aus dem Hinterhalt. Drei Schwarzfüße fielen. Die sechs übrigen trieben ihre Pferde an und flohen fluchend. Bis die Krähen ihre Pferde losgebunden und die Verfolgung aufgenommen hatten, war der Vorsprung der Schwarzfüße zu groß geworden. Ihr Anführer kannte den Kriegspfad und die alten Unterstände, die ihn säumten. Er brachte seine Männer in eine Befestigung hoch oben in einem Kiefernwald.

Die Krähen bedrängten Scharfes Messer, den Feind doch ziehen zu lassen. Ein Angriff würde nur noch mehr Menschenleben gefährden. Sie hatten doch schon Schmutzige Hand und Verrücktes Feuer verloren.

Scharfes Messer schien nicht zu hören. Er schickte nach seinem Packpferd mit der Kriegskleidung. Ernst legte er ein Hemd und Beinkleider an, die mit menschlichen Haaren bestickt waren. Dann setzte er einen Kopfschmuck aus Adlerfedern auf und nahm einen Umhang, der mit Skalps bedeckt war. Seine Art, sich anzuziehen, wirkte wie eine Zeremonie. Am Ende seines erfolglosen Kriegszuges schien Scharfes Messer ein furchtbares Ziel zu verfolgen.

Einsamer Stern erriet das Ziel.

«Wir müssen ihn zurückhalten!» sagte sie zu Roter Stier. «Er wird die Schwarzfüße allein angreifen. Ich bin sicher, daß er eine Vorahnung von Tod und Untergang hatte.»

Roter Stier griff nach den Zügeln von Scharfes Messers Pferd.
«Wenn wir angreifen, werden wir noch mehr von unseren Leuten verlieren», beschwor er ihn.
Scharfes Messer befahl ihm loszulassen, aber noch mehr Krieger stellten sich neben Roter Stier.
Scharfes Messer konnte nichts dagegen tun. Schließlich gab er nach.
«Laßt uns heimziehen», sagte er.
Roter Stier gab die Zügel frei, und Scharfes Messer lächelte ein seltsames Lächeln, das weit weg zu sein schien. Sein Pferd war frei, und er ließ es wie im Scherz tänzeln und steigen. Jeder Schritt führte ihn weiter weg von seinen Kriegern und näher zum Versteck der Schwarzfüße. Plötzlich begriff Einsamer Stern, was geschah. Scharfes Messer hatte sie und alle anderen überlistet. Er war nicht mehr einzuholen.
«Hiii-ahii-hii!» schrie er. Seinen Kopf zurückwerfend, stieß er die Lanze gen Himmel. «Drei Schwarzfüße reichen nicht aus, um das Leben von Schmutzige Hand und Verrücktes Feuer zu rächen!»
Er versammelte sein Pferd, zügelte es so heftig, daß sein kraftvoller Nacken sich bog und es auf der Hinterhand stieg. Dann drückte er dem Tier die Absätze gegen die Flanken, daß es auf den Boden zurückkrachte.
Mühelos übersprangen Pferd und Reiter die Befestigung aus Steinen und Stöcken.
Als sie zwischen den Feinden landeten, stieß Scharfes Messer einen schrecklichen Wutschrei aus. Er durchbohrte einen der Schwarzfüße mit seiner Lan-

ze, ehe er selbst mit einem ganzen Büschel von Pfeilen im Körper niedersank.
Die Krähen stürmten ihm nach. Sie waren keine Krieger mehr, sie waren Besessene. Brüllend und um sich schlagend machten sie die Schwarzfüße nieder, ohne selbst auch nur eine Wunde davonzutragen. Ihr Rasen war so gewaltig, daß sie Beute und Skalps liegenließen. Die letzte Tat ihres Führers hatte jeden Gedanken an persönlichen Ruhm verdrängt.
Sie hoben seinen Körper vom blutigen Boden. Als sie sich ausgeweint hatten, bedeckten sie ihn und schnürten ihn fest. Vier Krieger schickten sich an, ihn auf sein Pferd zu legen, doch Einsamer Stern hielt sie zurück.
«Er hat geschworen seinen Körper im Land der Schwarzfüße zu lassen», sagte sie. «So soll es geschehen.»
Noch einmal nahmen sie seinen Körper in ihre Arme, und weinend legten sie ihn in die Gabelung eines Baumes. Dann machten sie sich auf den Heimweg.
Einsamer Stern ritt neben Roter Stier. Während des Angriffs hatte er sie vom Pferd gestoßen; so hatte sie den Kampf versäumt. Irgendwie konnte sie ihm nicht böse sein. Er hatte versucht, sie vor einer Verwundung zu bewahren. Sie verstand und vergab ihm.
Sie waren auf einem bewaldeten Hügel angelangt, als sie sich umdrehte. Ihre Augen suchten den Baum am Rand des Schwarzfußpfades und ihre Gedanken flogen zu vergangenen Tagen.

Der Mann, der sie in seinem Zelt aufgenommen und ihr geholfen hatte, den eigenen einsamen Weg zu finden – der Mann, der sie niemals dafür getadelt hatte, daß sie anders war, der sie dazu ermutigte, ganz sie selbst zu sein – er war tot.
Wie ein Bündel lag er in den blattlosen Winterzweigen.
«Ruhe, mein Vater, du Schrecken deiner Feinde noch im Tode», flüsterte sie.

7. Kapitel

«Wir haben dich ausgewählt», sagte Roter Stier zu Einsamer Stern, als sie sich dem Dorf näherten. «Du hast Scharfes Messer am nächsten gestanden. Du mußt die Nachricht überbringen.»
Es war eine harte Aufgabe – und wie anders war die Nachricht, als sie gehofft hatte. Noch vor dem Aufbruch hatte sie sich darauf gefreut. Sie hatte sich ausgemalt, wie sie selbst als Heldin unter Helden zurückkehren würde.
Seit ihrer Kindheit war sie durch ihr Geschlecht dazu gezwungen, abseits zu stehen, wenn andere siegreich heimkamen.
Und doch hatte es sie tief bewegt, von den Taten der Krieger zu hören, und bei ihrer Begrüßung war sie stets dabeigewesen.
Nun mußte sie von einer Niederlage berichten – nicht vom Sieg. Statt Freude würde sie Trauer bringen. Sie mußte Gram in die Familien von Scharfes

Messer, Schmutzige Hand und Verrücktes Feuer tragen.
Sie nahm ein Gewehr und eine Decke, dann ging sie mit schweren Schritten auf einen der Hügel über dem Dorf. Sie richtete das Gewehr gen Himmel und drückte ab.
Die Menschen im Dorf ließen alles liegen und schauten zu ihr hinauf. Einsamer Stern machte das Zeichen des Todes. Für jeden Gefallenen hob sie die Decke und ließ sie wieder fallen. Dreimal auf, dreimal ab.
Vom Dorf wurden fünf Ratgeber geschickt. Sie setzten sich zu Einsamer Stern und fragten sie über das Unglück aus.
Sie sprach von Scharfen Messers kundiger Führung und seinem letzten Angriff. Sie pries die Tapferkeit von Schmutzige Hand und Verrücktes Feuer. Sie berichtete vom Erbeuten der Pferde. Es ging nicht besonders gut. Es gelang ihr nicht, einen Erfolg aus dem Auftrag zu machen.
Die Ratgeber erhoben sich, um zu gehen.
«Scharfes Messer», sagte einer. Er sprach den Namen feierlich und tief bekümmert aus.
Während das Dorf trauerte, blieben die Krieger zehn Tage lang auf den Hügeln. So war es Brauch. Am elften Tag zogen sie wieder auf den Kriegspfad.
Diesmal führte Einsamer Stern. Sie war zur Führerin gewählt worden, weil sie die Tochter von Scharfes Messer war. Doch die Männer achteten ihre Kriegskenntnisse ebenso wie ihre Familienzugehörigkeit.

Sie hatte von dieser Ehre geträumt. Und sie war vorbereitet. Einsamer Stern erinnerte sich daran, was Scharfes Messer über die zu große Kriegshorde gesagt hatte. Sie nahm nur Roter Stier und acht andere.

Bald war sie dankbar für die bequemen Mokassins von Kleiner Feder, denn die Horde zog zu Fuß. Pferde hatten die Gewohnheit, im falschen Augenblick zu wiehern, selbst wenn man ihnen die Nüstern zuhielt.

Drei Tage lang folgten sie einem Kriegspfad der Schwarzfüße. Am vierten Tag betraten sie Feindesland. Sie lagerten in dieser Nacht in Wäldern, die ein ausgetrocknetes Flußbett säumten.

Im Morgenlicht entdeckten sie ein zugescharrtes Stück Erde. Reste eines Lagerfeuers, keinen halben Pfeilschuß entfernt.

«Hier waren Schwarzfüße», sagte Einsamer Stern, nachdem sie den Boden untersucht hatte. «Sie sind vor höchstens ein oder zwei Tagen weitergezogen.»

Sie ernannte Roter Stier und Zerkratztes Gesicht zu Kundschaftern und schickte sie den Spuren nach. Sie berichteten bald.

«Die Schwarzfüße sind nah», sagte Roter Stier. «Es sind sieben, sie bewachen Pferde.»

«Macht euch fertig», sagte Einsamer Stern, und sie enthüllte ihren Plan. Sie und Roter Stier würden vorausgehen. Die anderen sollten sich bis zum ersten Schuß verbergen.

Die beiden gingen. Sie machten keinen Versuch, den Feind zu täuschen. Sie gingen Hand in Hand wie Verliebte.

Einer der Schwarzfüße rief ihnen etwas zu. Er machte ihnen Zeichen und bedeutete ihnen, daß sie friedlich herankommen sollten. Harmlos gingen die beiden weiter. Sie waren schon in Schußweite, als die Schwarzfüße erkannten, daß es Krähen waren, ihre Gewehre hoben und schossen.
Einsamer Stern und Roter Stier feuerten zurück und die anderen Krähen eilten herbei. Die zahlenmäßig unterlegenen Schwarzfüße saßen in der Falle.
Verzweifelt kämpften die Schwarzfüße Mann gegen Mann. Einer griff Einsamer Stern an. Er sprang auf sie los, sie warf sich zur Seite, und er fiel ins Leere. Während er um sein Gleichgewicht kämpfte, stieß sie mit dem Messer zu. Aufschreiend stürzte er zu Boden, da durchbohrte noch ein Pfeil seine Schulter. Sofort berührte Einsamer Stern ihn mit ihrem Bogen und zeigte damit, daß sie ihn besiegt hatte.
Atemlos, zitternd richtete sie sich auf und schaute um sich. Die Schwarzfüße waren geschlagen. Ihre Krähen heulten wie Wölfe, sie hatten keinen einzigen Mann verloren.
«Frau, geh und nimm seinen Skalp!»
Es war Roter Stier, der da sprach. Er prüfte ihre Fähigkeit als Anführerin.
Der Krieger, den sie verwundet hatte, lag auf dem Rücken. Er stieß noch immer mit den Beinen um sich.
«Er ist noch nicht gestorben», protestierte sie.
«Tu es!» sagte Roter Stier.
Sie beugte sich vor.

Der Schwarzfuß war jung und stark. Er trug eine Feder im Haar. Er war ein hübscher Mann.

Einsamer Stern fing an. Der Schwarzfuß blickte sie einmal an. Seine Zähne knirschten . . .

«Du hast deinem Vater Ehre gemacht», sagte Roter Stier beifällig. «Weine nicht.»

«Ich weine nicht», sagte Einsamer Stern. Ihre Augen leuchteten, aber es war ihr nicht klar, ob sie Triumph oder Verzweiflung fühlte.

Die Kriegshorde ritt heim. Sie waren alle so aufgewühlt, daß in dieser Nacht keiner schlafen konnte. Sie hatten dreißig Pferde erbeutet. Sie hatten sieben Feinde getötet. Sie hatten Vergeltung geübt!

Als sie sich dem Dorf näherten, bereiteten sie ein Nachtlager und zündeten ein Feuer an. Nachdem es ausgebrannt war, mischten sie die Holzkohle mit Büffelblut. Alle Krieger schwärzten ihre Gesichter, denn Schwarz bedeutete Sieg!

Der Krieger, der als erster getötet, und derjenige, der als erster ein Gewehr erbeutet hatte, schwärzten auch ihre Hemden. Kurz vor der Dämmerung gingen sie zum Dorf. Einsamer Stern schoß in die Luft. Hatte ihr Schuß einst Trauer gebracht, so brachte er nun Freude.

Männer, Frauen und Kinder eilten aus ihren Zelten zu den Kriegern, die in einer Reihe dastanden – die Gesichter schwarz und Skalps an Weidenstöcken tragend.

Frauen schleppten Trommeln herbei. Trommelnd und tanzend führten sie die Angreifer im Siegeszug durch das Dorf. Einsamer Stern trug an ihrem Stock den Skalp mit der Feder. Selbst die Frauen,

die noch vor kurzem über sie gespottet hatten oder heimlich eifersüchtig auf sie waren, jubelten ihr zu. Das Fest dauerte bis tief in die Nacht. Die Menschen sangen und tanzten und zelebrierten das feierliche Zelt-Schlagen, indem sie die Zelte der Krieger mit Weidenstöcken berührten.
Die Krieger erzählten, wie sie getötet hatten, und schenkten die gestohlenen Pferde ihren Freunden und Verwandten und den Familien der gefallenen Krieger.
Einsamer Stern zerschnitt ihren Schwarzkopf-Skalp. Sie verteilte die Stücke unter den Männern, damit sie mehr Skalps zum Tanzen hatten. Ein Pferd schenkte sie Kleiner Feder.
Dann zog sie sich zurück und versuchte zu schlafen.
Aber nicht das Singen hielt sie wach, auch nicht das Tanzen oder die Trommeln. Es war die Erinnerung an einen Blick ... und das Geräusch knirschender Zähne.

8. Kapitel

Viele Tage lang wurde im Lager Einsamer Sterns wagemutige Führung gepriesen. Bald wußte das ganze Krähenvolk von ihrer Heldentat.
Und im folgenden Jahr führte sie sieben junge Männer zu einem neuen Überfall. Das Glück blieb ihr treu. Ihre Horde stahl sich nachts ins Lager der Feinde und trieb siebzig Pferde weg. Die Schwarzfüße verfolgten sie und holten sie ein. Nach einem heftigen Kampf entkamen die Krähen mit den meisten Pferden und zwei Schwarzfuß-Skalps.
Einen der Schwarzfüße hatte Einsamer Stern getötet und eigenhändig skalpiert. Und obwohl der andere von ihren Männern verwundet wurde, schlug sie ihn nieder und nahm ihm sein Gewehr ab, als er noch lebte.
Solche Raubzüge waren zum Überleben notwendig. Ohne Pferde konnten die Krähen als Jäger nicht leben. Der alljährliche Handel mit den Flach-

köpfen und den Nez Percé brachte gerade genügend Tiere, um die Verluste durch Krankheit, Alter und Tod auszugleichen. Viel mehr Tiere aber wurden gestohlen. Oft wurden Hunderte von Pferden weggetrieben.

Die Sioux stahlen Pferde von den Assiniboins, die wiederum beraubten die Schwarzfüße. Dafür stahlen die Schwarzfüße die Pferde der Krähen, und die holten sie sich von den Schwarzfüßen zurück. Solch ein armes Tier konnte auf diese Weise mehrmals zu seinem ersten Besitzer zurückkommen. Unter den Stämmen am Oberen Missouri waren die Krähen die reichsten Pferdebesitzer und die geschicktesten Pferdediebe.

Niemand erinnerte sich mehr daran, welches Volk diesen Kreislauf von Kriegszügen angefangen hatte. Jeder Überfall aber rief nach einer Antwort: entweder um Pferde zurückzuholen oder einen Toten zu rächen.

Der Haß war heftig, besonders zwischen den Schwarzfüßen und den Krähen. Es verging selten eine Woche, ohne daß kleine Pferdeherden von einem Krähen- oder Schwarzfußlager weggetrieben wurden.

Zwischen ihrem dreißigsten und vierzigsten Lebensjahr führte Einsamer Stern viele Überfälle gegen Schwarzfüße, Sioux und ihren ehemaligen Stamm, die Gros Ventre der Prärie. Sie hatte jedesmal Erfolg. Und obwohl sie wagemutig war, beging sie doch nie eine Leichtfertigkeit. Sie dachte immer zuerst an die Sicherheit ihrer Männer. Ihr Verantwortungsbewußtsein ließ sie in die Gesell-

schaft der besten Krähenführer aufsteigen. Es waren die Führer, die nie einen Verlust anzeigen mußten. Sie standen über den Führern, die regelmäßig Pferde brachten, und über den Führern, die regelmäßig töteten.
Nach jeder ihrer Heldentaten wurden Ruhmeslieder für sie gesungen. Junge Männer baten darum, unter ihr dienen zu dürfen. Alte Männer glaubten, daß sie verzaubert war.
Bei Festen und Versammlungen war es Sitte, mit dem Stock gegen einen Pfahl zu schlagen und Heldentaten zu erzählen. Einsamer Stern wartete stets an der Spitze vieler prächtiger Krieger, bis sie an die Reihe kam. In jeder Schlacht fügte sie ihrem Ruhm ein wenig mehr hinzu.
Endlich kam die Zeit, da sie nicht länger Einsamer Stern genannt werden konnte. Sie verdiente einen besseren, geachteten Namen.
Sie bekam ihn eines Tages, nachdem sie von einem Überfall auf Sioux zurückgekehrt war. Sie hatte die gewagteste Tat vollbracht, die möglich war. Sie hatte ein Pferd, das beim Zelt seines Besitzers angepflockt war, losgeschnitten und gestohlen.
Damit hatte sie auch die vierte der vier schwierigsten Mutproben bestanden. Sie hatte bereits als erste in der Schlacht getötet, hatte beim Kampf Mann gegen Mann ein Gewehr an sich gerissen und war Anführerin erfolgreicher Überfälle. Nun hatte sie auch noch ein Pferd innerhalb eines feindlichen Lagers gestohlen.
Jede Tat führte einen Schritt näher zur Häuptlingswürde, denn ein Häuptling war schließlich ein

Krieger, der wenigstens eine der vier Mutproben bestanden hatte. Einsamer Stern hatte diese Würde wahrlich verdient.

Ein Rufer kam zu ihr. Er bat sie, ins Ratszelt zu kommen. In ihrem besten Kleid aus Elchhaut hatte sie auf ihn gewartet. Kleine Feder hatte das Gewand mit Haarlocken geschmückt. Für jeden erfolgreichen Überfall eine Locke. An den Fersen ihrer Mokassins wippten Wolfsschwänze.

Im Ratszelt waren alle Ratgeber und Krieger versammelt. Einsamer Stern setzte sich auf den Ehrenplatz. Sie fühlte sich so aufgeregt wie am Tag ihres ersten Kriegszuges. Alle Augen waren auf sie gerichtet.

Mach, daß ich mich richtig benehme, dachte sie. Mach, daß ich handle wie ein Krähenhäuptling!

Eine Pfeife wurde angezündet. Einsamer Stern hatte noch nie geraucht, und sie fürchtete sich davor. Die Pfeife wanderte langsam von links nach rechts durch den Kreis der Männer. Sie kam näher und näher.

Beim Herumreichen der Pfeife wurde kein Wort gesprochen. Wangen höhlten sich beim Saugen, feierliche Gesichter verschwanden hinter Rauchwolken und erschienen wieder, vor Befriedigung leuchtend.

Ich werde nicht husten, schwor sich Einsamer Stern. Ich werde nicht husten!

Keiner nahm mehr als drei Züge, und die Pfeife kam mit beängstigender Geschwindigkeit näher. Plötzlich war sie in ihrer Hand.

Die Ratgeber beobachteten sie. Die Krieger schauten auf sie. Sie wußte, daß ihre Hand zitterte, und sie war sicher, daß jeder sehen konnte, wie die Pfeife in ihrer Hand bebte.

Langsam nahm sie das lange, flache Mundstück zwischen die Lippen und saugte. Ihr Mund füllte sich mit einem heißen, beißenden Gemisch aus der Rinde wilder Rosen und Tabak. Sie grub ihre Zähne in den Pfeifenstiel. Langsam blies sie den Rauch wieder aus und gab die Pfeife weiter. Sie hatte nicht gehustet!

Eine Bewegung wie ein großer Seufzer der Erleichterung ging durch das übervolle Zelt. Einsamer Stern war erfüllt von stillem Triumph.

Anschließend wurden Reden gehalten. Roter Stier sprach von ihrem Mut und ihrer Führerschaft. Seine Worte wurden von anderen Kriegern, die unter ihr gedient hatten, wiederholt.

Kriegspferd, der Leiter ihrer Kampfhorde, erhob sich. Er forderte Einsamer Stern auf, es ihm gleichzutun.

«Vom heutigen Tag an sollst du mit den Häuptlingen Rat halten», sagte er. «Vom heutigen Tag an sollst du Woman Chief genannt werden.»

Seine Stimme war nicht laut, aber sie schien das ganze Universum zu erfüllen. Die Männer verließen das Ratszelt. Draußen stimmten die Frauen das Tremolo an. Ein Rufer lud alle zum Wildkirschenessen in das Zelt von Roter Stier.

Woman Chief – die Frau, die Häuptling ist – hob ihre Augen zum Himmel. Sie erinnerte sich der Worte, die Scharfes Messer vor langer Zeit gesprochen hatte:

Eines Tages, wenn du große Taten vollbracht hast, wirst du einen neuen Namen bekommen, und er wird von unseren Leuten für immer geachtet werden.

Sie hatte das Gefühl, als blickten die Berge still lächelnd auf sie herab.

9. Kapitel

Woman Chief war die einzige Frau, die jemals bei den Ratsversammlungen einen ständigen Platz erhielt.
Es dauerte nicht lange, da ließen ihre Fähigkeiten sie noch höher steigen. Sie wurde dritthöchster Häuptling ihres Dorfes, das hundertsechzig Zelte umfaßte.
Wenn die Krähen Bauern gewesen wären, hätte sie niemals Häuptling werden können. Weil sie aber ein kriegerisches Volk waren, standen die Leistungen im Kampf über allen anderen Tugenden. Intelligenz und Freundlichkeit, die Begabung, Geschichten zu erzählen und zu heilen, galten nicht soviel wie Erfolg als Krieger.
Woman Chief hatte sich alle Träume erfüllt. Nicht durch den Dienst an Männern hatte sie Ehre und Ruhm erworben, sondern indem sie einen Platz für sich an ihrer Seite erkämpfte. Trotzdem verleug-

nete sie nie ihre Weiblichkeit – ja, sie verherrlichte sie geradezu, und ihre Kleidung war sichtbares Zeichen dafür. Ihr ganzes Leben lang trug sie nur Frauenkleider.

Eine Zeitlang war sie nun zufrieden. Noch immer liebte sie die Jagd und das tödliche Zischen der Kriegslanze. Die Beute, die sie nach Hause brachte, gab sie der Familie von Scharfes Messer. Mit Hilfe seiner Kinder, die in ihre Obhut gegeben worden waren, zerteilte und trocknete sie das Fleisch.

Doch dann dachte sie immer häufiger an eigenen Besitz. Bisher hatte sie den Feind überfallen, wann immer sie neue Pferde brauchte. Aber sie hatte nur so viele Tiere behalten, wie sie zum Tauschhandel benötigte. Nun sammelte sie viele Pferde, denn sie bedeuteten Reichtum und Macht.

Seit dem Tode von Scharfes Messer hatte sie für sein Zelt gesorgt. Als Häuptling wünschte sie sich nun ein eigenes Zelt.

Aber keiner hatte ihr bisher einen Heiratsantrag gemacht.

«Die jungen Männer bewundern dich», hatte Roter Stier einmal zu ihr gesagt. «Aber sie fürchten dich auch. Sie sagen, daß es zu schwierig wäre, dich zur Frau zu haben.»

In jüngeren Jahren hatte sie selten an die Ehe gedacht. Sie würde sich schon beizeiten ergeben. Jenseits der dreißig blieb sie noch immer ohne Mann. Plötzlich verfolgte sie die Vorstellung, sie könnte zu alt für die Jagd und den Krieg werden. Würde sie ihr Leben in Einsamkeit beenden, eine gebeugte alte Frau, zu nichts anderem nütze als im Zeltein-

gang zu schlafen und die Hunde mit einem Knüppel zu verjagen?
Es gab manche Gelegenheit anzubändeln, aber Woman Chief behagten diese Spielchen nicht.
«Ich werde nicht so tun, als sei ich schüchtern», sagte sie zu Kleiner Feder. «Ich will ich selbst sein!»
Nie wäre sie zum Wasserholen gegangen, jener niedrigsten Pflicht der Frauen. Doch so wartete auch nie ein Jüngling im Gebüsch auf sie, bereit, hervorzuspringen und eine Umarmung zu stehlen. Nie hätte sie Bäume für Zeltstangen gefällt wie andere Frauen. Doch so nahm auch kein Jüngling sie mit in die Berge, um die Bäume für sie zu schlagen und heimzuziehen und sie auf dem Wege zu liebkosen.
Sie ging nie zum Beerenpflücken. Einmal, nur einmal, war sie eingeladen worden, wilden Rhabarber zu sammeln. Roter Stier hatte sie mitgenommen, als sie noch sehr jung waren. Doch er hatte sich nur für einen unfairen Kampf entschuldigt. Das war alles.
Roter Stier war schon seit vielen Jahren verheiratet, und einer seiner Söhne war fast schon alt genug, um selbst an Überfällen teilzunehmen. Die meisten der alten Spielgefährten hatten Familien gegründet. Sogar Kleiner Hund, den sie einst vom Pferd geworfen hatte. Er besaß ein großes Zelt mit Frau und Kindern, obwohl er nie einen Skalp genommen hatte.

Woman Chief zeigte auf ihre eigene Art, daß sie bereit war. Wenn sie unterwegs waren, ritt sie abseits. Der Zug der Wandernden zog sich auseinander. Töchter wurden von ihren Müttern getrennt, und die unverheirateten Krieger nutzten die Gelegenheit. Sie zogen ihre schönsten Gewänder an und prahlten hoch zu Roß mit ihrer Männlichkeit. Auf dem Weg von Lagerplatz zu Lagerplatz spielte Woman Chief ihre einsame Rolle. Man durfte sich ihr nähern. Ein Krieger hätte sein Herz offenbaren können, ohne überhört zu werden.

Den ganzen Frühling und Sommer hindurch war sie auf der Suche nach einem Ehemann. Sie bestand mit dem gleichen eisernen Willen darauf, der sie zum besseren Krieger als die Männer gemacht hatte. Nur mit dem Unterschied, daß sie nun versuchte, so gut wie eine Frau zu sein.

Sie wurde nicht ungeduldig. So hätte sie sich nie erniedrigt. Sie ließ sich ganz einfach zu den unverheirateten Frauen zählen. «Komm, reit herüber», sagte ihre hohe Gestalt. «Wenn du mich zur Frau haben willst, so rufe mich.»

Kein Krieger nahm ihre unausgesprochene Einladung an.

Die Tage wurden kälter, und die Horde zog zur Jagd in die Berge. Die Blätter wurden gelb, welkten und fielen zu Boden.

«Ich werde es nicht mehr versuchen», sagte Woman Chief eines Tages zu Kleiner Feder. «Die Krieger haben Angst. Sie sagen, ich würde meinen Mann unterdrücken.»

Kleine Feder schnitt gegabelte Stöcke, um Trok-

kengestelle für Fleisch zu bauen. Sie ließ die Hand, mit der sie das Messer hielt, sinken.
«Du kannst ein eigenes Zelt haben, und es muß nicht leer sein», sagte sie mit kleiner Stimme. «Wir sind ein verständnisvolles Volk.»
Wenn Kleine Feder ihre Absicht auch nicht offen aussprach, so war doch klar, was sie meinte. Woman Chief dachte darüber nach. Sie erinnerte sich an die Mokassins, die Kleine Feder für sie gemacht hatte, und an das Elchhaut-Kleid, das sie mit Haarlocken verziert hatte. Das schöne Mädchen war nach all den Jahren noch immer unverheiratet. Unzählige junge Männer hatte sie abgewiesen, weil sie eine Frau liebte.
«Ich werde mit deinem Vater sprechen», sagte Woman Chief zuletzt. «Ich habe viele Pferde, und wir werden morgen auf die Jagd gehen. Er wird deine Schlafstelle mit Fellen bedeckt finden.»
Kleine Feder hob ihre Augen und lächelte. Es war ein Lächeln, das viele Jahre hinter ihren Lippen gewartet hatte.
«Ich werde dir eine gute Frau sein», sagte sie.
Es war früher Winter, die Zeit, da die Büffel zart und fett und auf der Höhe ihrer Kraft sind. Nachdem Kleine Feders Vater seine Einwilligung erteilt hatte, verließen die beiden Frauen zusammen das Dorf. Woman Chief ritt voraus. Kleine Feder folgte, ein schnelles Jagdpferd führend. Früh am zweiten Tag trafen sie auf eine Büffelherde. Die Tiere grasten in kleinen Gruppen.
Woman Chief ritt auf eine Erhebung. Sie überprüfte die Herde und wählte eine Gruppe von drei-

ßig Tieren aus. Plötzlich schrie Kleine Feder: «Dort drüben!»
Woman Chief schaute hinüber. Sie sah ein riesiges Tier. Sein Fell war schmutzig-weiß.
«Ein weißer Büffel!» schrie Kleine Feder. «Siehst du ihn?»
«Ja», antwortete Woman Chief, obwohl sie fast an ihren eigenen Augen zweifelte. Sie wechselte sofort die Pferde.
«Das ist ein gutes Zeichen», rief sie und ritt wie ein Pfeil auf die Beute zu.
Der weiße Büffel hob seinen zottigen Schädel und sog die Luft ein. Seine kleinen, schwachen Augen ertranken im wolligen Fell. Aber er schien den heranreitenden Tod zu spüren. Schon wandte er sich zur Flucht.
Der Pfeil traf ihn in die linke Schulter. Er hob seine Vorderbeine und machte ein paar verstörte Sprünge, doch er stürzte nicht.
Du bist ein tapferes Tier, dachte Woman Chief. Sie ritt so nahe an ihn heran, daß sein Blut auf ihren Schenkel spritzte. Tief einatmend schoß sie einen zweiten Pfeil ab. Der weiße Riese brach kopfüber zusammen. Er schnaubte und stieß um sich, dann lag er still.
Woman Chief stieg ab. Voll Bewunderung starrte sie auf das große Tier. Es gab viele Geschichten über heilige weiße Büffel. Sie hatte gedacht, das sei alles längst Vergangenheit. Nie hätte sie geglaubt, daß sie selbst einen weißen Büffel erlegen würde.
Es blieb ihr nur ein Augenblick, um das Tier zu bewundern. Die Herde war unruhig geworden. Schon

erhoben sich die Büffel in ihrer Nähe. Ihre feinen Nasen hatten das Blut und den Geruch der Jägerin wahrgenommen. Mit aufgestellten Schwänzen trotteten sie umher.
Woman Chief wartete, bis die Unruhe aufhörte und die Tiere stehenblieben. Sie wollte eine Panik vermeiden. Sie ritt vor dem Wind.
Ihre erfahrenen Augen wählten die Beutetiere aus. Büffelkühe. Kuhhäute ließen sich leichter gerben. Sie gaben bessere Bettdecken und Zeltplanen. Und Häuten galt diese Jagd, schönen Häuten. Häuten, als Geschenk für Kleine Feders Vater.
Woman Chief jagte unermüdlich zwischen den Büffeln. Mit einem Gewehr hätte sie aus größerer Entfernung töten können, aber sie mochte Gewehre nicht. Der donnernde Krach trieb eine Herde rasch zur Flucht.
Pfeil und Bogen aber waren ihr gemäßer. Es waren stille Waffen, und kein Mann konnte besser mit ihnen umgehen.
So erlegte sie Büffel um Büffel, ohne die übrige Herde aufzuschrecken.
Als sie genügend Häute hatte, schulterte sie ihren Bogen. Der Nachmittag war halb vorüber. Sie ritt zu Kleine Feder und half ihr beim Abhäuten. Schnell und ruhig arbeiteten sie miteinander. Kleine Feder hatte große Erfahrung beim Abhäuten. Ihr gebogenes Messer schlitzte und schnitt, während der Kadaver noch warm war. Noch ehe die Sonne unterging, hatten sie fast alle Häute abgezogen.
«Das war ein schöner Tag», sagte Kleine Feder, als

die Dunkelheit nahte. Sie zerlegte Teile eines der Büffel für die Abendmahlzeit.
«In der Herde ist kein Tier mehr, das die Jagd lohnen würde», sagte Woman Chief mit dem Stolz der Jägerin.
«Die Häute sind wunderschön», bestätigte Kleine Feder. «Unsere Leute haben gut gelernt.»
Diese Bemerkung war typisch für sie. Sie lobte, und sagte doch etwas mehr. Was Kleine Feder ausdrückte, traf Woman Chief unvorbereitet, doch sie wußte, daß es die Wahrheit war.
Sie hatte nicht wie eine Indianerin gejagt. Sie hatte «gut gelernt», was die Wünsche der Weißen waren. Die von ihr ausgewählten Büffel hatten fast alle die von den Weißen bevorzugte Färbung: Bocksfarben und Biber. Solche Häute wurden am besten bezahlt.
Bisher war Woman Chief nicht bewußt geworden, wie sehr die weißen Männer ihr Denken beeinflußten. Sie empfand heftige Scham. Ihre Freude am Erfolg dieses Tages war getrübt ... sie wußte nicht, was sie Kleine Feder antworten sollte. Als Jägerin und Kriegerin war es nicht ihre Art, sich zu entschuldigen. Sie flüchtete sich deshalb in ihre Rolle als Ernährerin. Sie schenkte Kleine Feder eine der Häute. Sie war mausfarben und hatte eine tiefe, bläuliche Färbung. Es war nicht die Lieblingsfarbe der Weißen, sondern Kleine Feders liebste Farbe.
Das Geschenk kam von Herzen und sagte: «Dein Verstand ist weise. Es wird gut sein, dich in meinem Zelt zu haben.»
Kleine Feder ließ ihre Hände über das schön ge-

wellte Fell gleiten und murmelte ihren Dank. «Ich werde es ganz weich gerben», sagte sie.

Sie lagerten noch zwei Tage. Kleine Feder schmückte das heilige weiße Fell. Als sie aufbrachen, ließen sie es auf dem Gipfel eines Hügels zurück – als Opfer an die Sonne.

Die anderen Häute trug Woman Chief zu dem Zelt, in dem Kleine Feder lebte. Außerdem nahm sie noch sieben Kriegspferde mit.

Kleine Feders Vater war sehr erfreut über die ansehnliche Bezahlung. Er erlaubte seiner Tochter, Woman Chief zu heiraten.

Einige Frauen bauten dem Paar ein besonders schönes Zelt – so groß, daß sie zwanzig Häute dafür brauchten. Als es fertig war, verbrannten sie Salbei und Tabakkraut in seinem Inneren.

«Das wird den Regen abhalten», sagte eine der Frauen und öffnete das Rauchloch.

In der neuen Unterkunft wurde ein Tanz abgehalten. Danach rauchten die Männer mit Woman Chief eine Pfeife.

«Sei freundlich zu ihr», sagte Kleine Feders Vater. «Dann wird sie nicht fortlaufen.»

10. Kapitel

Die Zeit verstrich. Woman Chiefs Gesicht zeigte keine Falten, aber sie spürte die Jahre.
Sie war nie ängstlich oder unfreundlich, und noch immer jagte sie mit der Geschicklichkeit der Jugend. Sie war großzügig und achtete darauf, daß die Alten und Bedürftigen Fleisch bekamen.
Im Lauf der Jahre hatte sie noch drei Frauen genommen und so ihr Ansehen vergrößert, denn gleich nach den Siegen im Krieg zeigte Reichtum an Frauen und Pferden die Stellung eines Krähenkriegers.
Sie führte auch noch immer Kriegshorden an, und doch – ihre Art zu leben, war dem Untergang geweiht. Langsam aber stetig zerstörten die Weißen die Sitten und Gebräuche der Indianer. Und obwohl Woman Chiefs Gesicht keine Spuren der Zeit trug, sehnte ihr Herz sich häufig nach den alten Tagen, die vor den Planwagen, den Forts und den

Dampfschiffen lagen. Irgendwie waren sie besser gewesen.

Und doch war die Bedrohung durch die Weißen etwas ganz Neues. Woman Chief fühlte zwar die Gefahr, die von den Weißen ausging, aber sie sah auch das Gute. Viele der neuen Waren entzückten sie, und sie genoß die Bewunderung, die ihr die weißen Männer entgegenbrachten. Selbst ausländische Besucher legten Wert darauf, sie zu treffen. Sie sonnte sich geradezu in ihrer Aufmerksamkeit.

1851 reiste Rudolph Kurz, ein junger Schweizer Künstler, in den Westen, um Indianer zu malen. Er traf die Kriegerin in Fort Union. «Sie ist bescheiden und gut gelaunt – gar nicht streitsüchtig», schrieb er in sein Tagebuch.

Sie schenkte dem Maler einen Skalp, den sie in einer Schlacht genommen hatte. Hingerissen verbrachte er seine ganze Zeit damit, sie auszufragen, und kam nie dazu, sie zu malen. So wurde die Möglichkeit vertan, ihr Bild festzuhalten.

Kleine Feder war nicht so freundlich zu den weißen Männern wie Woman Chief.

«Sie kommen wie der Schnee», sagte sie. «Sie werden uns zudecken.»

«Du hast es nicht mehr nötig, mühsam den Feuerstein zu schlagen», setzte Woman Chief dagegen. «Du benutzt Streichhölzer. Und ist es nicht einfacher, in Metalltöpfen zu kochen, statt heiße Steine in Rohhäute fallen zu lassen, die mit Wasser gefüllt sind?»

«Ja», antwortete Kleine Feder. «Es ist auch einfacher, mit bunten Glasperlen zu sticken, als Stachelschweinborsten zu färben.»
«Dann sei den Weißen dankbar», sagte Woman Chief.
«Ich würde lieber wie meine Großmutter leben», gab Kleine Feder scharf zurück. «Die weißen Männer werden alle Büffel töten, um die Häute zu bekommen! Sie werden die Wälder und die Prärie zerstören! Hör mir gut zu! Wir werden bald nicht mehr als Jäger leben können! Die Krähen werden Bauern oder Bettler werden!»
«Die Erde wird immer von Büffeln bevölkert sein», sagte Woman Chief ungeduldig. «Wir brauchen den weißen Mann. Wir haben zwar mehr Pferde als unsere Feinde, aber Schwarzfüße und Sioux sind uns drei zu eins überlegen. Wir brauchen den weißen Mann als Verbündeten!»
Trotzdem war Woman Chief aufgestört und verwirrt. Es stimmte, daß eine wachsende Zahl von Krähen damit zufrieden war, in den Forts der Weißen herumzulungern. Die alten Krieger wurden zu Bettlern, die alten Frauen zu Diebinnen.
Woman Chief warf sich auf ihr Bett aus Schlafdecken und starrte schwermütig durch das Rauchloch auf einen Stern. Kleine Feder setzte sich zu ihr und bestrich ihre Fußsohlen zart mit warmem Talg.
«Vielleicht hast du recht», flüsterte Woman Chief bekümmert. «Aber was kann man dagegen tun?»
«Die Völker müssen sich zusammenschließen», sagte Kleine Feder. «Gemeinsam können wir den weißen Mann fernhalten.»

«Schwarzfüße und Sioux werden nie mit den Krähen Frieden schließen!»

«Fang mit anderen Stämmen an», sagte Kleine Feder. «Irgend jemand muß versuchen, sie zusammenzuführen.»

«Und du willst, daß ich dieser Jemand bin?»

«Ja», sagte Kleine Feder. «Du kannst nicht mehr höher aufsteigen in deinem Stamm. Du hast Stand, Ehre und Reichtum. Nur zwei Häuptlinge haben eine höhere Stellung als du. Du kannst nicht darauf hoffen, sie zu übertreffen.»

«Ich weiß», antwortete Woman Chief. Kleine Feder hatte sie dazu gebracht, wieder einmal über ihre lebenslangen Feinde nachzudenken – ihr Geschlecht und ihre Abstammung.

Sie war als Mädchen und als Gros Ventre geboren worden. Unter den Krähenindianern fehlten ihr die Familienbeziehungen. Um oberster Führer der Krähen oder auch nur einer Horde zu werden, brauchte ein Krieger die Unterstützung vieler reicher Verwandter.

Wie oft hatte sie in Gedanken die Vergangenheit umgestaltet. Wenn sie nicht gefangen worden wäre, dann hätte sie Häuptling einer Horde der Gros Ventre werden können. Wenn sie als Junge geboren worden wäre, vielleicht sogar Häuptling der ganzen Nation!

Zu Kleine Feder sagte sie: «Mein Name wird geehrt. Meine Feinde fürchten mich. Mehr will ich nicht!»

«Du mußt daran arbeiten, die Völker zu vereinen», drängte Kleine Feder. «Du mußt es versuchen!»

Woman Chief schloß die Augen. «Ich werde darüber nachdenken», murmelte sie.
Mehrere Monde verstrichen, ohne daß sie etwas unternahm. Wenn Kleine Feder das Thema anschnitt, sprach Woman Chief über etwas anderes.
Eines Tages wurden Neuigkeiten ins Lager gebracht. Die weißen Männer wollten sich mit allen Stämmen des Oberen Missouri treffen. Woman Chief ritt mit sechs Kriegern nach Fort Laramie. Dort unterzeichneten sie einen Vertrag.
Kleine Feder machte sich darüber lustig.
«Es ist ein Vertrag für die Weißen», höhnte sie. «Nun können sie ihre Straßen und Stützpunkte quer durch unser Land bauen. Was hat ihr Papier uns gegeben?»
«Die weißen Männer und die Häuptlinge haben einen dauerhaften Frieden geschlossen», sagte Woman Chief. «Wir werden in Freundschaft zusammenleben.»
Anfangs sah es so aus, als sollte sie recht behalten. Die Schwarzfüße und eine Gruppe der Gros Ventre der Prärie luden die Krähen und die Assiniboins sogar ein. Sie schickten freundliche Botschaften, in denen viel vom Frieden die Rede war.
Die Krähen waren mißtrauisch. Konnte nach so vielen Kriegsjahren der Frieden so leicht kommen? Die Assiniboins aber nahmen die Einladung der Gros Ventre an. Sie wurden voller Gastfreundschaft empfangen und erhielten beim Abschied Pferde zum Geschenk.
Danach machten sie drei Jahre lang friedliche Tauschgeschäfte miteinander. Aber die Krähen

hatten noch immer kein Lager eines früheren Feindes betreten. Woman Chief begann darüber nachzudenken, wie man den Weg dazu öffnen könnte. «Ich hatte recht mit dem Vertrag», sagte sie zu Kleine Feder. «Dieser Friede ist dauerhaft. Es ist ein Fehler, daß die Krähen nicht daran teilhaben. Außerdem brauchen wir Pferde.»

Selbst Woman Chiefs eigene Leute wollten das Unternehmen nicht so recht unterstützen. Und sogar einige der weißen Händler versuchten, es ihr auszureden. Sie sei nicht die richtige Person dafür, meinten sie.

«Deine Angriffe gegen die Gros Ventre sind zu bekannt», warnte ein alter Pelzhändler. «Die Krieger, die du getötet hast, sind nicht so schnell vergessen!»

Sogar Kleine Feder äußerte Bedenken gegen Woman Chiefs Vorhaben. «Ich habe Angst um dich», bekannte sie. «Der Vertrag der weißen Männer ist nur ein Stück Papier. Er kann nicht die Tatsache auslöschen, daß du ein Feind der Gros Ventre bist.»

«Ich bin als Gros Ventre der Prärie geboren», erinnerte sie Woman Chief. «Sie waren freundlich zu anderen früheren Feinden. Ich kann ohne Schaden unter sie treten. Und hast du dir das denn nicht gewünscht?»

«Mein Wunsch war, daß du mit freundlicheren Stämmen beginnen solltest», antwortete Kleine Feder.

Im Feuer vor ihnen brach ein verkohlter Ast. In einem wunderbaren Funkenregen sank er knisternd und zischend in sich zusammen.

«Ich habe einen Traum, der immer wiederkommt», sagte Kleine Feder. «Er ist immer gleich. Wenn du an diesen fremden Ort gehst, dann wirst du nicht mehr zu mir zurückkehren.»

«Ich werde gehen», sagte Woman Chief. «Es muß jemand die Stimmung der Gros Ventre erkunden und herausfinden, ob sich ihre Feindschaft gegen uns wirklich geändert hat.»

Kleine Feder erschauerte.

«Ich habe lange Zeit darüber nachgedacht», sagte Woman Chief liebevoll. «Du hattest recht. Wir können uns nicht auf die Weißen verlassen. Zwischen ihnen und uns muß eine Grenze gezogen werden, oder sie werden die Grenze um uns herum ziehen. Wenn die Völker zusammenhalten, dann können wir alles so wiederherstellen, wie es war, und sogar noch besser. Sorge dich nicht! Ich werde zu dir zurückkommen. Es ist nur ein Traum!»

Der Himmel war dunkel und trübe, als Woman Chief ihre gefährliche Reise antrat. Vier Krieger zogen mit ihr. Sie waren jung, gerade zwischen der Kindheit und dieser ersten Gelegenheit, männliche Ehre zu erringen.

Sie waren noch nicht einmal drei Tage unterwegs, als eine Horde der Gros Ventre ihren Weg kreuzte. Sie waren auf dem Heimweg von Fort Union und schienen freundlich gesonnen.

Woman Chief ließ ihr Pferd vor ihnen tänzeln. Die Gros Ventre hielten an. Ein schwergewichtiger Krieger löste sich aus der zerlumpten Gruppe.

«Ich bin First Boy», grüßte er. «Willkommen!»
Die Krähen schlossen auf.
First Boy forderte seine Leute auf, sich zu entspannen. Forschend schaute er über das umliegende Gelände, bis er einen Platz für die Unterhaltung wählte.
Die Stelle war gerade groß genug für zehn oder zwölf Leute. Eine gebogene Felsschulter schloß sie ein, und sie lag auf dem Weg zum Lager der Gros Ventre. Woman Chief gefiel der Platz nicht. Aber sie schob ihr Mißtrauen beiseite, um First Boy durch ihren Widerspruch nicht zu reizen.
Ein Feuer wurde angezündet. Die fünf Krähen setzten sich mit den sieben Gros Ventre in einen Kreis. Dann rauchten und redeten sie. Woman Chief erklärte den Grund ihrer Reise.
«Vor dem Vertrag von Fort Laramie vergingen selten sechs Sonnenuntergänge, ohne daß große Pferdeherden von Kriegern weggetrieben wurden. Männer wurden getötet, und ihr Tod schrie nach Vergeltung», sagte sie. «Nun haben wir Frieden. Aber es ist ein Frieden, der dem weißen Mann mehr einbringt als uns. Jeden Tag gibt es weniger Büffel. Laßt uns einen dauerhaften Frieden ohne den weißen Mann schließen. Einen Frieden unter Brüdern.»
First Boy sog gedankenvoll an der Pfeife.
«Es ist eigenartig, daß eine Frau mit so einer wichtigen Mission beauftragt wird», sagte er.
«Ich bin Häuptling der Krähen», antwortete Woman Chief.
«Woman Chief? Du bist Woman Chief?» fragte er.

Sein Tonfall war ruhig, aber seine Augen wanderten geschäftig zu den Krähen.
«Viele der stolzesten Krieger sind durch deine Hand gefallen», sagte er. «Es ist gut, daß wir zusammensitzen und über den Frieden reden.»
Woman Chief wußte, daß sie schnell fort mußten.
First Boy war aufgestanden. Er flüsterte mit einem seiner Krieger. Der Mann rannte weg.
«Sei unbesorgt», sagte First Boy. «Ich habe ihn zu den Pferden geschickt. Deine Worte waren gut. Ich will sie zu meinen Leuten tragen.»
Die Krähenpferde wurden vorgeführt und zwölf andere dazu.
«Starke, schnelle Pferde», sagte First Boy. «Nimm sie. Sag allen Krähen, daß auch wir Frieden wünschen.»
Jeder Krähenkrieger bekam sein eigenes Pferd und zwei als Geschenk. Woman Chief sogar vier.
Sie sind auf dem falschen Weg ...
Dieser Gedanke streifte Woman Chief, als sie beim Aufsteigen den Gros Ventre den Rücken zuwenden mußte.
Sie warf einen kurzen Blick auf ihre vier Krieger. Angst stand in ihren Gesichtern.
Jede Bewegung schien zu gefrieren. Die Welt stand still, wie schon einmal vor langer Zeit. Plötzlich war Woman Chief wieder das kleine Mädchen, das einen toten Vogel zu Großvaters Zelt trug, wenige Augenblicke, bevor ihr Dorf zerstört wurde.
Die Kriegsgeräusche in ihrer Erinnerung mischten sich mit denen, die sie um sich herum hörte. Pfeile schwirrten durch die Luft.

Gleich darauf lagen die vier Krähenkrieger auf dem Boden. Woman Chief blutete und konnte nicht mehr atmen.
Immer mehr Pfeile trafen sie. Noch im Sinken zog sie ihr Messer. Sie versuchte sich umzudrehen und den Verräter zu stellen, aber es gelang ihr nicht mehr. Das Messer glitt aus ihrer Hand. Sie stürzte vornüber. Im Stürzen streifte ihre Wange die Flanke ihres Pferdes.
Dann lag sie auf dem Boden und starrte in die Sonne. Ihre Augen schlossen sich, und sie verlor für immer das Bewußtsein.

*

Der Mord an Woman Chief entflammte das Volk der Krähen, und der Schrei nach Rache machte jede Aussicht auf Frieden zunichte.
Suchtrupps wurden ausgeschickt, ihren Körper zu bergen, aber er wurde nie gefunden.
Kleine Feder sah die letzten Sucher zurückkehren. Es regnete in Strömen. Naß und unglücklich saßen die Krieger auf ihren Pferden und kauerten sich unter ihren Umhängen zusammen.
Es spielt keine Rolle, wo ihr Körper ruht, dachte Kleine Feder. Er ist doch nur Staub.
Sie hob den Kopf und hielt ihr Gesicht dem Regen entgegen. Bald würde der Sturm vorüberziehen und der Himmel wieder aufklaren.
Sie ist das Licht, das in jeder Frau glüht, dachte Kleine Feder. Sie ist der Stolz und der Ruhm, nach dem wir uns sehnen. Sie ist nicht tot.

Die Geschichte der Krähenindianer

Die Krähenindianer lebten als Nomaden in den Great Plains, einem der größten Grasländer der Erde. Diese riesige Steppe erstreckt sich vom Ostabhang der Rocky Mountains bis an den Westrand des Mississippi-Tales und von Zentralkanada bis zum Rio Grande in Texas. Bis Mitte des 18. Jahrhunderts war dieses Gebiet nur im Osten besiedelt, denn der Sommer war zu kurz, um Ackerbau betreiben zu können. Aber dann kam über die spanischen Kolonien das Pferd nach Amerika. Von Indianerstamm zu Indianerstamm wurde es weitergetauscht und ermöglichte eine ganz neue Lebensweise. Einige Stämme, darunter auch die Krähen, gingen dazu über, ausschließlich von der Büffeljagd zu leben, und besiedelten fortan die Great Plains. Die meisten der Prärieindianer gehörten zur großen Sprachfamilie der Sioux – so auch die Krähen. Vermutlich kamen sie aus dem östlichen

KANADA
Verbreitung der Büffel
SCHWARZFÜSSE
ASSINIBOIN
FLACHKÖPFE
GROS VENTRE
NEZ PERCÉ
KRÄHEN
Missouri
CHEYENNE
SCHOSCHONEN
KALIFORNIEN
PAZIFIK
Mississippi
Rio Grande
GOLF VON MEXIKO
MEXIKO

Waldland Nordamerikas. Auf der Höhe ihrer Kultur, um das Jahr 1800, zählten die Krähen etwa 4000 Stammesangehörige. Von ihren Widersachern, den Schwarzfußindianern, dagegen gab es 15 000, von den Gros Ventre 3000, den Cheyenne 3500. Die Kultur der Prärieindianer währte nur rund hundert Jahre – von der Einführung der Pferde bis zum Niedergang der Stämme durch Krankheiten und die Brutalität der Weißen.

Die Krähenindianer zogen das ganze Jahr über den Büffeln nach, die bis Mitte des 19. Jahrhunderts zu Tausenden die Prärie bevölkerten. Die Indianer machten meist in Gruppen Jagd auf die Tiere, kreisten sie ein oder veranstalteten regelrechte Treibjagden. Hauptjagdzeit war der Sommer, dann wurden auch Wintervorräte angelegt – Fleisch wurde getrocknet und mit Knochenmark, Talg und Beeren zu Pemmikan verarbeitet.

Die Krähen lebten in großen Lederzelten, den Tipis. Ihr Grundgerüst bestand aus kreisförmig aufgestellten Zeltstangen, über die Büffelhäute gelegt wurden. Als einziges Möbelstück hatten die Indianer eine Rückenstütze aus Holzstäben.

Sie schliefen auf Büffelfellen, die auf dem Boden ausgebreitet waren. Zum Kochen benutzten die Krähen Lederbehälter und Geräte aus Knochen und Büffelhorn. Sie übernahmen aber schon bei den ersten Tauschgeschäften mit weißen Händlern europäische Metallkessel, Eimer und Trinkbecher.

Die althergebrachten Waffen der Krähen und aller anderen Prärieindianer waren Pfeil und Bogen, Lanze, Keule und Schild. Von den Händlern wur-

den dann noch Vorderladergewehre eingetauscht, die aber bei der Jagd nicht so häufig verwendet wurden.

Die Krähen waren ein kriegerisches Volk. Eine der wichtigsten sozialen Organisationen waren bei ihnen die Männerbünde. Jeder Mann konnte Mitglied werden, und die Aufnahme war auch nicht an ein bestimmtes Alter gebunden. Wichtig war vor allem, daß der junge Mann kriegerische Leistungen vorzuweisen hatte. Das hatte allerdings die gefährliche Folge, daß alle Jungen so früh wie möglich auf den Kriegspfad zogen, um endlich in den Männerbund aufgenommen zu werden. Für die Gemeinschaft war das sehr gefährlich, denn die kriegerischen Auseinandersetzungen mit benachbarten Stämmen brachen aus diesem Grunde nie ab.

Die Männerbünde hatten auch die Aufgabe, die heranwachsende Generation zu erziehen und in die Aufgaben des Gemeinschaftslebens einzuführen, außerdem sorgten sie für Ordnung bei der Büffeljagd und dem Sonnentanz. Die jungen Männer lernten singen und tanzen, sie wurden zu Tapferkeit und Großzügigkeit angehalten. Wenn sie besondere Kriegstaten vollbracht hatten, dann durften sie sich mit Federn und Bemalungen schmücken. Bei festlichen Gelegenheiten trugen sie ihre Heldentaten prahlerisch den anderen Stammesangehörigen vor.

Neben den Männerbünden gab es noch Geheimbünde, die eine starke religiöse Bindung hatten und Kranke heilten. Voraussetzung für die Aufnahme in einen Geheimbund war eine Vision. Ein Mann ohne Vision galt nichts in der Gemeinschaft der Krähenindianer. Deshalb wurde alles daran gesetzt, um Visionen zu bekommen: Fasten und die Einnahme von Drogen führten auch meist zum Erfolg.

Die Geheimbünde trugen die Namen ihres Schutzgeistes: Büffelbund, Bärenbund, Klapperschlangenbund usw. Jeder Bund war für bestimmte Krankheiten zuständig, denn die Indianer waren häufig krank und litten mehr unter Regen, Kälte und Hitze, als man es sich heute vorstellen kann.

Die Kriegszüge der Krähenindianer hatten immer nur drei Motive: Rache, Pferdestehlen oder kriegerischen Ruhm zu erlangen. Und es ging bei allen Kriegszügen nur darum, die persönliche Tapferkeit zu zeigen. Ein Häuptling etwa mußte seinen Mut im Krieg, seine Erfolge bei der Jagd, seine Großzügigkeit und Rednergabe immer neu beweisen. Innerhalb der Gruppe hatte er in erster Linie die Aufgabe, den Frieden unter den Stammesangehörigen zu erhalten und Wohltäter der Armen zu sein, also sie mit Fleisch und Häuten zu versorgen.

Es gab deshalb auch nur wenige Häuptlinge, die sich im Laufe ihres Lebens so geachtete Namen machen konnten wie Sitting Bull oder Red Cloud.

Die Macht lag bei den Krähen in den Händen des Stammesrats, der aus Männern bestand, die sich besonders ausgezeichnet hatten. Frauen konnten nicht in den Stammesrat aufgenommen werden, sie durften auch nicht auf den Kriegspfad ziehen oder zur Jagd gehen. Ihre Aufgabe war es, die Nahrung zu bereiten, die Felle zu Kleidung zu verarbeiten und alle untergeordneten Aufgaben zu übernehmen. Frauen hatten deshalb ein recht geringes Ansehen.

Der wichtigste Kultakt der Krähen, an dem Frauen ebenfalls nicht teilnehmen durften, war das Rauchen. Der Tabak wurde als heilige Pflanze betrachtet, deren Ursprung in der Mythologie gesucht wurde. Die Krähen rauchten nur bei feierlichen Anlässen, bei Festen, Adoptionen oder wichtigen Verhandlungen. Erst wurde dabei die Pfeife zur Sonne emporgehoben, dann zur Erde gesenkt, und dann wurde der Rauch in alle vier Himmelsrichtungen geblasen. Erst dann wurde die Pfeife von einem Mann zum nächsten weitergereicht.

Die Krähen waren ausschließlich Jäger – sie bauten nur den heiligen Tabak an. Die Tabakpflanzer, immer auch Mitglieder eines Geheimbundes, genossen innerhalb der Gemeinschaft das höchste Ansehen, höher noch als Häuptlinge. Allerdings waren viele Häuptlinge auch Tabakpflanzer, verbanden also beide Würden miteinander. Die Krähenindianer glaubten, daß alle Tiere und Pflanzen und alle Naturerscheinungen magische Kräfte hätten, die sie «Maxpe» nannten. Andere Stämme gaben diesen Kräften den Namen «Manitu». Nach den Vorstellungen der Indianer konnten diese Kräfte in bestimmten Riten und durch besondere Gegenstände auf die Menschen übertragen werden. Ohne Maxpe aber konnte kein Mensch leben. Durch Fasten und andere Methoden versuchten die Krähen mit ihrem Schutzgeist in Verbindung zu treten. Sie trugen auch immer ein Medizinbündel mit sich, das Steine, Muscheln oder Fellstücke, Krallen und Zähne enthielt. Kein anderer durfte es nehmen oder gar öffnen. Es stellte die ganze Lebenskraft dar; der Besitzer hätte sonst sterben können. Die Medizinmänner oder Schamanen waren Männer, die einen besonders starken Schutzgeist hatten. Zu ihnen gingen die Krähen, wenn ihre eigenen Schutzgeister nicht mehr helfen konnten. Die Medizinmänner heilten viele Krankheiten mit Hilfe von Beschwörungen, aber auch mit wirksamen Heilkräutern, Massagen und Bädern.

Die wichtigste Gemeinschaftszeremonie der Krähen war der Sonnentanz, der auch bei den meisten anderen Präriestämmen verbreitet war. Der Sonnentanz wurde von einem Mann oder von einer Frau ausgerichtet, die damit ein Gelübde erfüllen wollten, zum Beispiel nach einer schweren Krankheit, einem Unglück oder um Rache zu erflehen. Der Tanz dauerte vier Tage und vier Nächte, und keiner der Tänzer aß oder trank in dieser Zeit. Ununterbrochen wurden Trommeln geschlagen, die weit über die Prärie hallten. Wenn ein Tänzer vor Hunger, Schwäche oder Hitze ohnmächtig wurde, dann glaubte er, endlich mit übermächtigen Kräften in Berührung zu sein.

Die ersten Begegnungen der Krähenindianer mit den Weißen verliefen sehr friedlich. Sie tauschten Häute und Felle gegen Haushaltswaren, Gewehre und allerlei Krimskrams. Zwischen 1806 und 1851 wurden zwischen den Weißen und den Indianern zahlreiche Verträge geschlossen. Der amerikanische Präsident Andrew Jackson hatte sogar den

Plan, alles Land westlich des Mississippi ganz den Indianern zu überlassen und die Weißen auf den östlichen Teil zu beschränken. 1830 brach eine verheerende Pockenepidemie über die Indianer herein, und Tausende starben. Erst nach dem amerikanischen Bürgerkrieg begannen ernsthafte Kämpfe zwischen Indianern und Siedlern. Die Weißen stießen immer weiter nach Westen vor, nahmen Land in Besitz, das den Indianern gehörte, und mißachteten deren Lebensgewohnheiten. Wagenkolonnen durchzogen auf dem Weg nach Kalifornien die Great Plains, immer mehr Forts wurden errichtet. Die Krähenindianer lebten noch immer in Frieden mit den Weißen, ja sie paktierten mit ihnen sogar, um sich gegen die Überfälle der Schwarzfüße, der Cheyenne und der Gros Ventre zu schützen. 1868 wurde in Fort Laramie dann ein Vertrag mit den amerikanischen Truppen geschlossen, der den Indianern zusicherte, daß sie nicht mehr von den weißen Siedlern behelligt würden, wenn sie ihrerseits die Überfälle auf die Siedler einstellten. Aber diese Verträge waren nichts als Papier, denn die Weißen begannen Eisenbahnen durch das Indianerland zu bauen, sie fanden Gold und strömten zu Tausenden herbei – Vertrag hin oder her. Indianer wurden gewaltsam umgesiedelt, man plante, ihnen die Waffen abzunehmen und sie so praktisch dem Hungertod auszusetzen. Diese Verletzung des Vertrags von Laramie nahmen die meisten Stämme nicht hin. Sie sammelten sich unter den Häuptlingen Sitting Bull und Crazy Horse und kämpften gegen die überlegene amerikanische Armee. Es war ihnen ein letzter Triumph vergönnt: 1876 schlugen sie am Little Big Horn die Kavallerieabteilung unter Oberst Custer. Aber nach diesem Sieg wurde eine Indianergruppe nach der anderen erbarmungslos niedergemacht. Was die amerikanischen Truppen damals betrieben, kam einem Völkermord gleich. Einige versprengte Grüppchen konnten sich nach Kanada retten, doch der Großteil wurde entweder getötet oder in Reservationen getrieben. 1878 gab es in den Great Plains keinen freien Indianer mehr. Die Kultur der reitenden Jäger und Krieger, die heute noch der Inbegriff der Indianer ist, dauerte nur rund hundert Jahre. Aber auch ohne die militärische Niederlage der Indianer wären ihre Lebensgewohnheiten zerstört worden, denn die letzten Büffelherden waren von den Weißen abgeschlachtet worden; es gab nichts mehr zu jagen.

In den Reservationen führten die Indianer ein elendes Leben. Viele litten Hunger, wurden Bettler, verfielen in Hoffnungslosigkeit. Die amerikanischen Behörden versorgten die Indianer nur höchst mangelhaft mit Nahrung und Kleidung, und 1889 wurden die Rationen sogar noch gekürzt. Junge Männer verließen daraufhin die Reservationen, um für sich selbst zu sorgen, aber die Jagd brachte nichts mehr ein.

In dieser Zeit der Hoffnungslosigkeit entstand bei allen Stämmen, auch bei den Krähen, eine religiöse Bewegung, die Geistertanz genannt wurde. In diesem Tanz beschworen die Indianer ein goldenes Zeitalter des Friedens zwischen Indianern und

Weißen, sie sahen in Visionen die Rückkehr der Büffel und der glorreichen alten Tage. Jeder Mensch sollte künftig freundlich behandelt werden. Alkohol – und das war wichtig – sollte nicht mehr getrunken werden. Bereits damals war nämlich in den Reservationen der Alkoholismus zum schweren Problem geworden. Die verzweifelten Indianer verfielen zu Hunderten dem «Feuerwasser», das wenigstens zeitweise die schreckliche Situation vergessen ließ. Skrupellose Händler nützten das aus.

Der Geistertanz, diese neue Heilslehre, wurde aber bald mit neuem Inhalt ausgefüllt. Nach kurzer Zeit glaubte kein Indianer mehr an eine friedliche Änderung der Zustände. Der Geistertanz sollte nun dazu führen, daß die alten Jagdgründe zurückerobert werden konnten. Die Krähen, wie auch alle anderen Stämme, pflegten wieder die alten Bräuche und Lebensgewohnheiten; es gab Massentreffen, bei denen sich alle in Trance sangen und tanzten. Als Sitting Bull, einer der berühmtesten Häuptlinge von der Lagerpolizei getötet wurde, weil er sich nicht festnehmen lassen wollte, kam es zum letzten großen Aufstand. Es war der Stamm der Teton-Dakota, die stellvertretend für alle Indianer noch einmal kämpften. Amerikanische Truppen unter General Forsyth richteten unter den Indianern ein grausames Blutbad an, sie metzelten ohne Unterschied Männer, Frauen und Kinder nieder. Das war die Schlacht am Wounded Knee, die zum Inbegriff des letzten Freiheitskampfes der Indianer gegen die Weißen wurde.

Obwohl die Amerikaner versucht haben, die indianische Kultur auszulöschen und die Stämme aufzulösen, ist ihnen das bis heute nicht gelungen. Die Indianer entwickelten eine ganz eigenständige Religion, den Peyote-Kult, der christliche und altindianische Glaubensvorstellungen verbindet. Zeitweilig war der Peyote-Kult sogar verboten, aber die Indianer hielten gegen den Widerstand der christlichen Kirchen so hartnäckig daran fest, daß er 1944 unter dem Namen Native American Church (Amerikanische Eingeborenen-Kirche) gestattet wurde. Peyote ist ein Kaktus, dessen Wurzel zerrieben und gegessen wird. Durch den Genuß der Peyote-Wurzel werden Halluzinationen hervorgerufen – die Indianer sind so bis heute auf der Suche nach Visionen. Abgesehen von diesem Kult entwickelte die Indianerkirche neue Werte: die Meidung von Alkohol und Tabak, die brüderliche Liebe untereinander, Fürsorge für die Familie und großen Fleiß und Arbeitsamkeit.

Die Indianer haben sich bis heute nicht mit ihrer Niederlage abgefunden. 1968 gründeten sie das American Indian Movement, das eine Bürgerrechtsbewegung wie die der schwarzen Bevölkerung ist. Besonderes Aufsehen erregte diese Bewegung, als einige ihrer Anführer 1973 das Dorf Wounded Knee besetzten, um ihrer Forderung nach Entschädigung der Indianer Nachdruck zu verleihen. Die Indianerbewegung hat in jüngster Zeit mehrere Prozesse gegen die amerikanischen Bundesbehörden gewonnen. Einzelne Stämme erhielten Entschädigungen in Millionenhöhe und

haben damit große Landstriche zurückgekauft. Unter dem Druck des Indian Movement müssen vermutlich nach und nach alle Verträge mit den Indianern überprüft und geändert werden.
Doch kann auch diese mühsam erzwungene Wiedergutmachung nichts an der Tatsache ändern, daß die Indianer vom Untergang bedroht sind. Zu übermächtig steht ihnen die Gesellschaft der Weißen gegenüber.

Februar 1979